BERNA
VADUZ
LIECHTENSTEIN
A U S T R I A
SVIZZERA
Lago di Ginevra
Lago Balaton
UNGHERIA
Drava
Danubio
Sava
Trentino-Alto Adige
Adige
Bolzano
TRENTO
Friuli
Ven. Giulia
Udine
Gorizia
Pordenone
Belluno
TRIESTE
AOSTA
Valle d'Aosta
Piemonte
Novara
Vercelli
TORINO
Asti
Alessandria
Cuneo
Lombardia
Sondrio
Como
Varese
Bergamo
MILANO
Brescia
Pavia
Cremona
Mantova
L. di Como
Lago di Garda
Verona
Vicenza
Padova
Rovigo
VENEZIA
Golfo di Venezia
Piacenza
Parma
Reggio Emilia
Modena
BOLOGNA
Ferrara
Ravenna
Forlì
Emilia-Romagna
Liguria
GENOVA
Savona
La Spezia
Imperia
Golfo di Genova
MONACO
MAR LIGURE
Carrara
Massa
Lucca
Pisa
Livorno
FIRENZE
Arno
Toscana
Arezzo
Siena
Grosseto
Gorgona
Capraia
Elba
Pianosa
Giglio
Montecristo
Giannutri
SAN MARINO
Pesaro
ANCONA
Marche
Macerata
Ascoli Piceno
PERUGIA
Lago Trasimeno
Umbria
Terni
Tevere
I U G O S L A V I A
M A R A D R I A T I C O
Teramo
Pescara
Chieti
L'AQUILA
Abruzzi
I.e Tremiti
L. di Bolsena
Viterbo
Rieti
L. di Bracciano
CITTÀ DEL VATICANO
ROMA
Lazio
Frosinone
Latina
Isernia
Molise
CAMPOBASSO
Foggia
G. di Manfredonia
Puglia
BARI
Brindisi
Taranto
Lecce
Canale d'Otranto
Golfo di Taranto
Benevento
Avellino
Caserta
NAPOLI
Campania
Salerno
Golfo di Gaeta
Isole Ponziane
Ischia
G. di Napoli
Capri
Golfo di Salerno
POTENZA
Matera
Basilicata
Corsica (Francia)
Bocche di Bonifacio
La Maddalena
Caprera
Asinara
G. dell'Asinara
Sassari
Nuoro
Sardegna
Oristano
CAGLIARI
G. di Cagliari
S.Pietro
S.Antioco
MAR TIRRENO
Cosenza
Calabria
CATANZARO
MARE IONIO
Ustica
Isole Eolie o Lipari
Stromboli
Salina
Lipari
Vulcano
Messina
Stretto di Messina
Reggio Calabria
PALERMO
Isole Egadi
Marettimo
Favignana
Trapani
Sicilia
Caltanissetta
Enna
Catania
Agrigento
Siracusa
Ragusa
Pantelleria
MARE MEDITERRANEO
TUNISI
TUNISIA
0 50 100 150 200

처음 발음부터 시작, 혼자서도 문제없다!

완전회화식 이탈리아어 입문

新 이탈리아어 회화 첫걸음

최보선(이탈리아문화연구원 원장 · 전 대구카톨릭대 교수)

저자 최보선

1960년 서울 출생
한국외국어대학교 서양어대학 이태리어과 학사 학위 취득
한국외국어대학교 대학원 이태리어학 석사 학위 취득
이탈리아 볼로냐 국립대학교 인문철학부 외국어문학 Laurea과정 수학
한국외국어대학교 언어학과 박사 과정
한국외국어대학교, 한국예술종합학교, 경북대학교, 대구효성가톨릭대학교, 충남대 강사 역임
한국외대 부설 외대어학원 이태리어 담당 전임강사 역임
대구효성가톨릭대학교 교수 역임
현재 이탈리아문화연구원 원장

저서 이한사전(공저)(한국외대출판부, 1991) / 모던이탈리아어 1, 2(시사에듀케이션, 1993) /
이탈리아문화(대구효성가톨릭대학교 출판부, 1994) / 쉬운 이탈리아어(시사에듀케이션, 1998) /
노래로 배우는 이탈리아어(문예림, 2001) / 한이사전(문예림, 2003) / 주머니속의 여행 이탈리아어(신나라, 2003)

논문 구조분석을 통한 '신곡'의 예술성 연구 / 현대 이탈리아어의 형성과 발전 연구 / 이탈리아 구주주의의 정체적 발전 연구 /
이탈리아어 절 연구 / 이탈리아 교육제도 / 기호학적 분석을 통한 이탈리아 문화와 언어의 상관성 연구

新이탈리아어회화첫걸음

초판 발행 / 2001년 4월 30일
개정판 6쇄 / 2014년 3월 20일
지은이 / 최보선
펴낸이 / 엄호열
펴낸이 / 엄태상
펴낸곳 / Korea LanguagePLUS®
등록일자 / 2000년 8월 17일
등록번호 / 제 1-2718호
주소 / 서울시 종로구 자하문로 300 4층
TEL / 교재 내용문의 02-766-1194
교재 주문문의 02-3671-0555
FAX / 02-3671-0500
E-mail / info@langpl.com
Homepage / www.langpl.com

ISBN / 978-89-5518-243-9 18780

머리말

대학과 이탈리아문화연구원에서 이탈리아어와 문화를 강의한지 벌써 13년이 되었고, 그것을 연구한지는 20년이 다 되어간다. 이제는 이탈리아언어와 문화를 조금은 알 것 같아야 하는데 그렇지가 못하니 매우 안타깝고 많은 학생들에게 죄송할 뿐이다. 그 동안 본인의 졸저를 많이 사랑해 준 여러 선생님들과 학생들에게 한없는 송구스러움을 느낀다.

보다 쉬운 교재는 없을까, 보다 흥미롭게 언어를 습득하게 할 수 있는 책을 어떻게 만들어야 하나 등 나름대로 고심을 해 왔다. 결국 외국어 교재의 국제적 경향을 연구하고 현지에서 구한 많은 자료들을 토대로 지금까지와는 전혀 다르고 새로운 구조로 본서를 집필하게 되었다.

본서의 특징은 첫째, 문법 순서의 과 배열을 과감히 버리고 회화의 난이도에 따라 단계별로 진행시키고 있으며 그에 따르는 문법적 요소들이 첨가되도록 구성했고, 둘째, 기본회화에 발음을 기입하여 초보자들도 쉽게 독학이 가능하도록 배려했으며, 셋째, 그림을 통해 다시 한번 반복 학습할 수 있도록 한 후 문형연습을 통해 다양한 문장을 만들어 보도록 구성했다는 데에 있다. 또한 문법적인 요소들을 정리하는 페이지를 삽입했고, 이탈리아인의 발음도 수록하였으며, 부족하지만 문화 한마디도 배제할 수 없었다.

본인은 이탈리아어를 처음 접하는 학생들에게 항상 다음과 같은 충고를 한다.

첫째, Ripetete! (반복하라!)

둘째, Parlate ad alta voce! (큰 소리로 말하라!)

셋째, Capite con cuore! (가슴으로 이해하라!)

실제로 그러한 교수법으로 교육받은 학생들의 학업 성취도는 고전적인 교육을 받은 학생들과는 비교할 수 없을 정도이다.

언어 습득의 궁극적인 목표는 커뮤니케이션이다. 어린이가 무수한 시행착오를 경험하며 두려움없이 의사소통 하듯이 우리 학생들도 어린이와 같이 실수를 두려워하지 않는 과감한 가슴으로 이탈리아어를 접한다면 매우 효율적으로 정복할 수 있으리라 확신한다.

끝으로 녹음 작업에 선뜻 응해 준 Gianluca Spezza, Nicola Seu, Nadia Crescente에게 감사하며 항상 본인의 원고를 긍정적으로 평가하시면서 출판해 주시는 시사에듀케이션의 엄호열 사장님과 출판부, 녹음실의 직원들께 심심한 사의를 표한다.

저자

목차

• 등장인물

Robert
미국 남자, 건축학도, 24세,
이탈리아에서 언어 연수 중

Silvia
이탈리아 여자, 학생, 20세

Daniel
프랑스 남자, 고교 역사교사, 26세,
이탈리아에서 언어 연수 중

Ingrid
독일 여자, 백화점 점원, 21세,
이탈리아에서 언어 연수 중

Mario
이탈리아 남자, 학생, 25세

Franca
이탈리아 여자, 학생, 21세

발음(Pronuncia)

알파벳: a, b, c, d, e, f, g, h, i, l, m, n, o, p, q, r, s, t, u, v, z

자음 모음	b 비	c 치	d 디	f 에프훼	g 쥐	h 앗까	l 엘레	m 엠메	n 엔네	p 삐	qu 꾸	r 에레	s 엣세	t 띠	v 브	z 젯따
a 아	ba 바	ca 까	da 다	fa 프화	ga 가	ha 아	la 라	ma 마	na 나	pa 빠	qua 꾸아	ra 라	sa 사	ta 따	va 봐	za 짜
e 에	be 베	che 께	de 데	fe 프훼	ghe 게		le 레	me 메	ne 네	pe 뻬	que 꾸에	re 레	se 세	te 떼	ve 붸	ze 쩨
i 이	bi 비	chi 끼	di 디	fi 프휘	ghi 기		li 리	mi 미	ni 니	pi 삐	qui 꾸이	ri 리	si 시	ti 띠	vi 뷔	zi 찌
o 오	bo 보	co 꼬	do 도	fo 프호	go 고	ho 오	lo 로	mo 모	no 노	po 뽀	quo 꾸오	ro 로	so 소	to 또	vo 보	zo 쪼
u 우	bu 부	cu 꾸	du 두	fu 프후	gu 구		lu 루	mu 무	nu 누	pu 뿌		ru 루	su 수	tu 뚜	vu 부	zu 쭈
		ce 체			ge 줴											
		ci 치			gi 쥐											

독특한 발음(Pronuncia particolare)

	c	g	sc	gl	gn
a	ca(까) cavallo	ga(가) regalo	sca(스까) scatola	gla(글라) gladiolo	gna(냐) montagna
e	che(께) amiche	ghe(게) lunghe	sche(스께) schema	gle(글레) gleba	gne(녜) Agnelli
i	chi(끼) chiave	ghi(기) ghiaccio	schi(스끼) fischio	*gli(리) scegliere	gni(니) ogni
o	co(꼬) cuoco	go(고) gonna	sco(스꼬) casco	glo(글로) gloria	gno(뇨) bagno
u	cu(꾸) scuola	gu(구) guerra	scu(스꾸) scuola	glu(글루) glucide	gnu(뉴) ognuno
	ce(체) cena	ge(줴) gelato	sce(쉐) scendere		
	ci(치) amici	gi(쥐) gioia	sci(쉬) scivolare		

꼬메 띠 끼아미

1 uno | Come ti chiami?

이름이 뭐니?

기본회화

마리오 꼬메 띠 끼아미?
Mario : **Come ti chiami?**

보선 미 끼아모 보선
Bosun : Mi chiamo Bosun.

해설

- 'Come ti chiami?' 를 직역하면, '어떻게 (너는) 너 자신을 부르니?' 입니다. 우리말로는 '이름이 뭐니?' 라고 하니까 표현이 우리와 약간 다르죠?
- 'Mi chiamo Bosun' 을 직역하면, '(나는) 나 자신을 부릅니다 보선이라고' 입니다. 여기서 주어가 '나' 라는 것을 어떻게 알 수 있을까요? chiamo의 어미 '-o' 가 말해줍니다.

☞ 오른쪽 페이지 학습포인트를 보세요.

[새단어]

- **come** 어떻게
- **ti** 너 자신을
- **mi** 나 자신을
- **chiami** 부르다(chiamare의 2인칭 단수)
- **chiamo** 부르다(chiamare의 1인칭 단수)

회화연습

문형연습

이름이 뭐니? 내 이름은 보선이야.

1) Gianni (지안니) 2) Naomi (나오미) 3) Alessia (알렛시아) 4) 본인의 이름

☞ 정답은 226쪽에

학습포인트

1. Chiami와 chiamo의 다른 점은 활용어미 '-i'와 '-o'로 끝난 것인데, 이처럼 주어에 따라 어미가 달라집니다. 영어에서는 주어를 거의 밝히지만, 이탈리아어에서는 주어를 생략해도 됩니다. 그러면 주어에 따라 동사가 어떻게 활용되는지를 간단히 알아볼까요?

chiamare (부르다)				
	단 수		복 수	
1인칭	io (나)	chiam**o**	noi (우리들)	chiam**iamo**
2인칭	tu (너)	chiam**i**	voi (너희들)	chiam**ate**
3인칭	lui (그이) lei(그녀)	chiam**a**	loro (그들)	chiam**ano**

㈜ **io**(이오) **tu**(뚜) **lui**(루이) **lei**(레이) **noi**(노이) **voi**(보이) **loro**(로로)
chiama(끼아마) **chiamiamo**(끼아미아모)

2. mi, ti를 여기서는 '나 자신을', '너 자신을' 쯤으로 알고 넘어갑시다. 한꺼번에 많은 것을 알려하면 상심하기 쉬우니까요.

세이 꼬레아노 베로

2 due | Sei coreano, vero?

너 한국인 맞지?

기본회화

마리오 세이 꼬레아노 베로
Mario : **Sei coreano, vero?**

보선 씨, 쏘노 디 세울
Bosun : **Sì, sono di Seoul.**

해설

■ sei의 원형은 essere 입니다. 물론 동사는 주어에 따라 모습을 달리하죠. chiamare(부르다)가 규칙적인 활용을 하는데 반해 매우 불규칙적으로 활용합니다. 이를 우리는 불규칙 활용동사라 부르죠.

essere (~이다, ~에 존재하다)			
단 수		복 수	
io	**sono**	noi	**siamo**
tu	**sei**	voi	**siete**
lui lei Lei(당신)	**è**	loro	**sono**

주 **è**(에) **siamo**(씨아모) **siete**(씨에떼)

■ · coreano 한국 남자 · coreani 한국 남자들
· coreana 한국 여자 · coreane 한국 여자들

☞ 오른쪽 페이지 학습포인트를 보세요.

■ · lei 그녀
· Lei 당신(3인칭 단수) : Lei è coreano? 당신은 한국인인가요?

[새단어]

· **sei** ~이다 (essere의 2인칭 단수)
· **vero** 옳은, 맞는
· **sono** ~이다 (essere의 1인칭 단수)
· **coreano** 한국 남자
· **sì** 네
· **di Seoul** 서울 출신

회화연습

문형연습

너 한국인 맞지? 응, 서울 출신이야.

1) 미국인(americano(a)) / 뉴욕(New York)
2) 독일인(tedesco(a)) / 함부르크(Amburgo)
3) 스페인인(spagnolo(a)) / 마드리드(Madrid)
4) 일본인(giapponese) / 도쿄(Tokyo)

학습포인트

1. 이탈리아어는 모든 명사에 남성과 여성이 있으며 형용사는 명사의 성 · 수에 따라 어미 일치를 해야 합니다. 이것이 기초 이탈리아어의 생명입니다.

2. '~ 나라의 남자', ~ 나라의 여자' 라는 단어를 어떻게 만드는지 봅시다.

국적 \ 성별	남자	여자
미국	americano (아메리까노)	americana (아메리까나)
독일	tedesco (떼데스꼬)	tedesca (떼데스까)
스페인	spagnolo (스빠뇰로)	spagnola (스빠뇰라)
한국	coreano (꼬레아노)	coreana (꼬레아나)
일본	giapponese (지아뽀네세)	
영국	inglese (잉글레세)	

3 tre | Io sono Daniel, sono francese, di Parigi.

이오 쏘노 다니엘 쏘노 프란체세 디 빠리지

난 다니엘이야. 프랑스인이고 파리 출신이야.

기본회화

다니엘 이오 쏘노 다니엘 쏘노 프란체세 디 빠리지 에 꿰스또 에 로베르뜨
Daniel : **Io sono Daniel, sono francese, di Parigi, e questo è Robert.**

로베르뜨 삐아체레
Robert : Piacere.

잉그리드 삐아체레 잉그리드 쎄이 잉글레세 로베르뜨
Ingrid : Piacere, Ingrid. Sei inglese, Robert?

로베르뜨 노 쏘노 아메리까노 디 보스똔
Robert : No, sono americano, di Boston.

해설

■ questo는 지시대명사로서 지시하는 명사의 성과 수에 따라 어미일치가 되어야 합니다. Robert가 남자이기에 questo, 만약 Alessia를 지시한다면, questa가 되어야하겠죠?

☞ 5과 학습포인트를 참조.

문화 한마디

핏짜(Pizza)

피자의 본토 발음은 '핏짜'입니다. 아무려면 어떠냐고 하시겠지만 '김치'가 '기무치'로 발음되어선 안되겠죠? 오늘날같은 핏짜는 약 100여년 전부터 만들기 시작했는데요, 당시 유명한 요리사가 마르게리따 왕비에게 빨간 토마토, 향신료로 쓰이는 초록색의 바질, 흰색의 모짜렐라 치즈를(이탈리아 국기 색깔 상징) 토핑으로 넣어 왕비를 기쁘게 했다나요. 그 핏짜가 요즘 흔히 볼 수 있는 마르게리따 핏짜입니다.

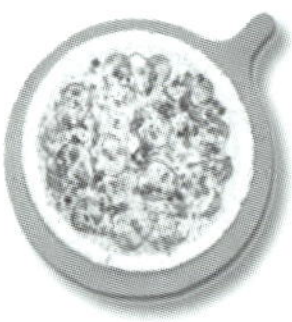

[새단어]

- **francese** 프랑스인(男, 女)
- **questo** 이 분, 이사람(this)
- **inglese** 영국인(男, 女)
- **e** 그리고
- **piacere** 반갑다, 반갑습니다
- **americano** 미국인(男)

회화연습

문형연습

난 빼에뜨로야. 이탈리아인이고 볼로냐 출신이지.

1) Ingrid, tedesca, di Monaco (뮌헨)
2) Mary, americana, di New York
3) Elisabeth, inglese, di Londra (런던)

단어이야기

주요 국가, 사람, 도시를 정리하겠습니다.

구분 \ 국가	한국	이탈리아	프랑스	독일	영국	스페인	미국
국가	Corea	Italia	Francia	Germania	Inghilterra	Spagna	America
사람 (남/녀)	coreano/a	italiano/a	francese	tedesco/a	inglese	spagnolo/a	americano/a
도시	Seoul	Roma	Parigi	Monaco	Londra	Madrid	New York

반드시 알고 넘어가야 하는 페이지

essere 동사

단수	(io)	sono	di (출신)	Boston Seoul New York
	(tu)	sei		
	(lui, lei)	è	a (장소: 도시)	Roma Milano Bologna
복수	(noi)	siamo		
	(voi)	siete		
	(loro)	sono	in (장소: 국가)	Italia

1. 형용사의 성 · 수 일치

			형 용 사	
Quest**o** (이)	ragazz**o** (청년은)	**è** (이다)	corean**o**	한국인
			american**o**	미국인
			italian**o**	이탈리아인
			russ**o**	러시아인
			ingles**e**	영국인
			frances**e**	프랑스인
			giappones**e**	일본인
			cines**e**	중국인
Quest**a** (이)	ragazz**a** (아가씨는)	**è** (이다)	corean**a**	한국인
			american**a**	미국인
			italian**a**	이탈리아인
			russ**a**	러시아인
			ingles**e**	영국인
			frances**e**	프랑스인
			giappones**e**	일본
			cines**e**	중국인

		형 용 사	
Quest**i** (이) ragazz**i** (청년들은)	**sono** (이다)	corean**i** american**i** italian**i** russ**i** ingles**i** frances**i** giappones**i** cines**i**	한국인 미국인 이탈리아인 러시아인 영국인 프랑스인 일본인 중국인
Quest**e** (이) ragazz**e** (아가씨들은)	**sono** (이다)	corean**e** american**e** italian**e** russ**e** ingles**i** frances**i** giappones**i** cines**i**	한국인 미국인 이탈리아인 러시아인 영국인 프랑스인 일본 중국인

2. 형용사의 단 · 복수어미 요약

		단 수	복 수	예
제1부류형용사 (-o)	남성	-o	-i	italiano → italiani
	여성	-a	-e	italiana → italiane
제2부류형용사 (-e)	남/여성	-e	-i	cinese → cinesi

에 빠뜨릿찌아 노 논 에 빠뜨릿찌아 에 씰비아

4 quattro | È Patrizia? No, non è Patrizia, è Silvia.

그녀가 빠뜨릿찌아니? 아니, 빠뜨릿찌아가 아니라 씰비아야.

기본회화

다니엘 에 빠뜨릿찌아
Daniel : **È Patrizia?**

로베르뜨 노 논 에 빠뜨릿찌아 에 씰비아
Robert : No, non è Patrizia, è Silvia.

해설

- È Patrizia? 에서 주어 lei(그녀)가 생략되었습니다.
- 부정어 non의 위치는 동사 è 앞 입니다.

잠깐쉬어요!

쇼핑

이탈리아에서 쇼핑할만한 물품으로는 가죽 제품, 귀금속, 의류 등이 있는데요, 세계적인 디자인과 품질을 인정받아서 누구나 한번쯤 쇼핑해보고 싶어 합니다. 생필품을 사려면 우핌(Upim)이나 스탄다(Standa)같은 쇼핑센타에서 저렴하게 살 수 있습니다. 인테리어도 볼 만합니다. 상점들은 대개 오전 9시~오후 1시, 오후 4시~오후 8시에 영업을 합니다.

쇼핑 센타 Upim(우핌)

[새단어]

· **è** ~이다 (essere의 3인칭 단수) · **non** 부정어(not)

회화연습

문형연습

1. 그녀가 빠뜨릿찌아니? 아니, 빠뜨릿찌아가 아니라 씰비아야.

   1) Anna / Franca 2) Franca / Teresa 3) Teresa / Stella

2. 그가 안젤로니? 아니, 안젤로가 아니라 마르꼬야.

   1) Gianluca / Nicola 2) Paolo / Roberto 3) Silvio / Dino

학습포인트

이탈리아인의 이름에서 여성과 남성을 구별할 수 있습니다. 예외도 있으나 일반적으로 어미 '-a'는 여성, 어미 '-o'는 남성입니다. Paolo, Roberto, Silvio, Angelo, Dino, Marco 등이 남자 이름이고, Anna, Silvia, Franca, Teresa, Stella 등은 여자입니다. 예외도 있는데 Andrea, Gianluca, Nicola는 남자 이름입니다. '앙드레 김'을 알고 계시지요?

반드시 알고 관사, 모음축약 넘어가야 하는 페이지

1. 부정관사

– Che cosa è? 뭡니까?

È	**una**	lavagna penna matita finestra borsa porta	칠판 펜 연필 창문 가방 문
		chiave	열쇠

– Che cosa è? 뭡니까?

È	**un**	libro quaderno banco	책 노트북 책상(교실용)
		giornale televisore	신문 TV

– Che cosa è? 뭡니까?

È	**uno**	specchio zaino	거울 배낭

2. 정관사

– Dov'è? / Dove sono? 어디에 있습니까?

Il 남성 단수 (정관사 lo를 사용하는 경우를 제외한 모든 남성 명사)	foglio 종이 libro 책 giornale 신문	è nel cassetto 서랍 속에 있다

I 남성 복수	fogli 종이들 libri 책들 giornali 신문들	sono sul tavolo 테이블 위에 있다

La 여성 단수	penna 펜 matita 연필 chiave 열쇠	è nella borsa 가방 속에 있다

Le 여성 복수	penne 펜들 matite 연필들 chiavi 열쇠들	sono sulla sedia 의자 위에 있다

Lo 남성 단수 1. 's+자음' 으로 시작되는 남성 단수 2. 'z' 로 시작되는 남성 단수 3. 모음으로 시작되는 남성 단수	studente 학생 svizzero 스위스남자 zio 삼촌 italiano 이탈리아남자 americano 미국남자	è nell'aula 교실에 있다

Gli 남성 복수	studenti 학생들 svizzeri 스위스남자들 zii 삼촌들 italiani 이탈리아남자들 americani 미국남자들	sono nell'aula 교실에 있다

3. 모음축약

lo la	어떠한 모음과도 축약	lo italiano → l'italiano la amica → l'amica
gli	i 모음과 축약	gli italiani → gl'italiani
le	e 모음과 축약	le elezioni → l'elezioni
una	어떠한 모음과도 축약	una isola → un'isola

문화한마디

트레비 분수(Fontana di Trevi)

로마에서 가장 유명한 분수이면서 명소인 트레비 분수. Nicola Salvi가 디자인한 이 분수는 Palazzo Poli 건물의 한쪽 벽면에 조각돼 있는데 후기 바로크 양식이 최고조에 달했던 때의 화려함을 보여 줍니다. 한가운데에는 대양의 신 오체아누스가 있고 두 마리의 말을 끌고 있는 것은 바다의 신 트리톤으로 평화로움과 풍요로움을 상징합니다. Trevi란 말은 분수 주위로 3개의 길이 나 있던 데에서 유래했다나요. 다시 로마에 오길 바라며 분수에 동전을 던지는 일은 빼놓을 수 없는 재미.

myhome.naver.com/jaylino

빼르께 에 인 이딸리아

5 cinque | Perché è in Italia?

왜 이탈리아에 와 있나요?

기본회화

다니엘 꿰스따 에 잉그리드
Daniel : Questa è Ingrid.

에 우나 라갓짜 떼데스까 디 모나꼬
É una ragazza tedesca, di Monaco.

로베르뜨 빼르께 에 인 이딸리아
Robert : **Perché è in Italia?**

잉그리드 쏘노 뀌 뻬르 스뚜디아레 리딸리아노
Ingrid : Sono qui per studiare l'italiano.

해설

- 여성단수 명사를 지시할 때 questa, 남성단수 명사라면 questo입니다.
- un**a** (부정관사) ragazz**a** (여성명사) tedesc**a** (형용사) : 형용사의 어미는 명사의 성 · 수와 일치됩니다. 부정관사는 앞에서 이미 정리했죠?
- Sono qui~: 직역하면 '여기 있다' 인데 어색하므로, '여기 왔다' 로 이해하세요.
- per studiare l'italiano: 'per+동사원형+목적어' 문형입니다.
- l'italiano: l'는 정관사 축약형으로서 원래는 lo였습니다.

☞ 바로 앞 페이지 모음축약 참조.

[새단어]

- **questa** 이 여자, 이분(this)
- **ragazza** 소녀, 젊은 여자, 아가씨, 애인
- **perché** 왜, 왜냐하면
- **per** ~하러, ~위해, ~를 향해
- **l'italiano** 이탈리아어
- **una** 부정관사(여성)
- **Monaco** 뮌헨
- **qui** 여기
- **studiare** 공부하다

회화연습

문형연습

1. 얘는 잉그리드야. 독일 소녀이며 뮌헨 출신이지.

1) Elisabeth, 영국, 런던 2) Sandy, 미국, 보스톤

2. 얘는 미구엘이야. 스페인 소년이며 바르셀로나 출신이지.

1) Miura, 일본(Giappone), 도쿄 2) Chang, 중국(Cina), 북경(Pechino)

학습포인트

소개 대상이 남성이냐 여성이냐에 따라 지시대명사와 형용사의 어미 형태가 달라집니다. 그러나 제2부류 형용사에 속하는 inglese, cinese, giapponese 등은 남성과 여성이 동형입니다. 제1부류 형용사 원형은 '-o', 제2부류는 '-e' 입니다. ☞ 17쪽 참조.

지시대명사	동사	명사	형용사
Questo	è	un ragazz**o**	tedesc**o** american**o** ingles**e** cines**e**
Questa	è	una ragazz**a**	tedesc**a** american**a** ingles**e** cines**e**

제2부류 형용사는 단수 남성이건 여성이건 간에 'e' 이며, 복수 남성, 여성 명사를 수식할 때엔 '-i' 를 갖습니다.

뚜 쎄이 뀌 뻬르 스뚜디아레 리딸리아노

6 (sei) | Tu sei qui per studiare l'italiano?

너 이탈리아어 공부하러 여기 와 있니?

기본회화

로베르뜨 뚜 쎄이 뀌 뻬르 스뚜디아레 리딸리아노
Robert : **Tu sei qui per studiare l'italiano?**

잉그리드 씨 도마니 꼬민치오 일 꼬르소 꼰 라 쁘로펫쏘렛싸 밧딸리아
Ingrid : Sì, domani comincio il corso con la professoressa Battaglia.

로베르뜨 베네 앙끼오 꼬민치오 도마니 일 꼬르소 에 씨아모
Robert : Bene... Anch'io comincio domani il corso e siamo

넬라 스뗏싸 끌랏쎄
nella stessa classe.

해설

- per studiare (동사원형) l'italiano (목적어) 이탈리아어를 공부하기 위해
- 정관사라고 부릅니다. **il** corso
  l' italiano
  la professoressa ☞ 21, 22쪽 참조.
- anch'io는 anche와 io의 축약 형태로 두 모음이 만나면 앞 모음 e는 탈락되고 맙니다.
- nella stessa classe는 영어로 in the same class와 같은 의미입니다. 미리 밝혀두지만 정관사는 명사의 성 · 수에 따라 모습이 다르고 물론 형용사도 어미 일치가 되어야 하지요. 전치사관사 nella는 글자 그대로 전치사 in과 la의 결합 형태입니다. ☞ 28쪽 참조.

[새단어]

· **domani** 내일
· **il corso** 코스, 과정
· **la professoressa** 여선생, 여교수
· **anch'io** 나도 역시 (anche io 의 축약형)
· **comincio** 시작하다 (cominciare의 1인칭단수)
· **con** ~와 함께(with)
· **bene** 좋아(O.K.)
· **nella stessa classe** 같은 반에서

회화연습

문형연습

너 여기 이탈리아어를 공부하러 와 있니?

1) 독일어(il tedesco)　　2) 영어(l'inglese)

3) 스페인어(lo spagnolo)　　4) 불어(il francese)

학습포인트

너 여기	관광하러	와 있니?
	일하러	
	공부하러	
	살러	

Tu sei qui per	turismo	?
	lavoro	
	studiare	
	vivere	

per + 명사, per + 동사원형

단어이야기

'~나라말' 에 해당하는 단어는 '~나라 사람' 과 같은데 일반적으로 나라말엔 정관사를 붙이죠. 예컨대, 이탈리아인은 italiano, 이탈리아어는 l'italiano.

반드시 알고 넘어가야 하는 페이지 — 전치사관사

전치사와 정관사의 결합 형태를 전치사관사라고 부릅니다.

	il	i	lo	gli	la	le
A	al	ai	allo	agli	alla	alle
DI	del	dei	dello	degli	della	delle
DA	dal	dai	dallo	dagli	dalla	dalle
SU	sul	sui	sullo	sugli	sulla	sulle
IN	nel	nei	nello	negli	nella	nelle
CON **PER** **FRA/TRA**	정관사와 분리하여 사용 (es. con il cane)					

예를 들어 봅시다.

- Sono al bar. 나는 빠에 있다.
- Lei è l'amica del fratello. 그녀는 남자 형제의 여자 친구다.
- Vado dal dentista. 나는 치과에 간다.
- C'è un gatto sul divano. 소파 위에 고양이 한 마리가 있다.
- Ci sono le penne nel cassetto. 서랍 안에 펜들이 있다.
- Passeggio con il cane. 나는 개와 함께 산보한다.
- Lavoro per la mamma. 나는 엄마를 위해 일한다.
- la relazione fra l'Italia e la Corea 한국과 이탈리아 간의 관계

문화한마디

2000년대에 이탈리아 젊은이들은 어떤 직업에 종사할 것인가?

1차 산업 16.7%, 2차 산업에 28%, 3차 산업에 67% 종사하게 될 것입니다. 그렇다면 구체적으로는 어떤 직종에서 일하게 될까요?

"전통적"인 직업과 수공업 분야에 대략 50%, 그리고 나머지 50%는 새로운 직종, 예컨대 정보, 통신, 환경, 생태, 금융과 무역업 등에 종사할 것입니다.

따라서 전문가들은 전공 분야를 특성화시키고 외국어와 정보학을 습득할 것을 조언하고 있습니다.

또한 전문가들은 2000년대에 가면 결국 모든 분야에서 여성들이 절반의 일자리를 얻을 것이라고 예견하고 있습니다.

챠오 로베르뜨 치 베디아모

7 sette | Ciao Robert! Ci vediamo!

안녕, 로베르뜨! 우리 또 만나!

기본회화

다니엘 챠오 로베르뜨 치 베디아모
Daniel : **Ciao Robert! Ci vediamo!**

로베르뜨 챠오 다니엘 아 도마니
Robert : Ciao Daniel, a domani!

해설

- ci vediamo : ci는 '우리 자신을', vediamo는 '우리는 본다' 즉, (우리는) '우리 자신들을 본다' 라는 의미인데 명령형이므로 '우리들을 보자!' 입니다. 다시 의역하면 '우리 또 보자!' 가 되겠죠?
- a domani : 'a' 는 전치사로서 '~에' . 그러나 여기서는 별다른 의미는 없습니다.

학습포인트

아침잠에서 깬 뒤부터 저녁 식사 전까지 'Buongiorno!' 라고 하면 됩니다.

· Buongiorno, ragazzi!	안녕하세요, 학생 여러분!
· Buongiorno, professore!	안녕하세요, 교수님!
· Buonasera, signor Choi!	안녕하세요, 최선생님!
· Buonasera!	안녕하세요!
· Buonanotte, Paolo!	잘 자, 빠올로!
· Buonanotte, Silvana!	잘 자, 씰바나!

[새단어]

· **ciao** 안녕
· **ci vediamo** 우리 또 만나
· **a domani** 내일 봐

회화연습

문형연습

안녕, 로베르뜨! 우리 또 만나! 안녕, 다니엘! 내일 봐!

1) Paolo, Giorgio　　　　2) Corinne, Elisabeth

심화학습

1. 만날 때 인사법으로 또 어떤 형태가 있나요?
Ciao, Salve, Buongiorno, Buonasera.

2. Ciao라고 인사하고 Signor Choi 처럼 존칭으로 부를 수 있나요?
올바른 표현은 아니지만 가능은 합니다.

3. 그럼 뭐라고 인사해야 적절할까요? 낮, 저녁에 따라 각각
'Buongiorno, signor Choi!', 'Buonasera, signor Choi!'

4. 헤어질 때 또 다른 표현은 없나요? 있습니다.
격이 없는 사이 : Arrivederci! 우리 또 만나!
Arrivederci! 그래, 우리 또 만나!

예의를 갖추는 사이 : ArrivederLa! 또 뵙겠습니다!
ArrivederLa! 네. 또 뵙겠습니다!

8 otto | Dov'è la borsa?

도베 라 보르싸

가방은 어디에 있나요?

기본회화

쁘로펫쏘렛싸 도베 라 보르싸
Professoressa : **Dov'è la borsa?**

다니엘 라 보르사 에 술라 쎄디아
Daniel : La borsa è sulla sedia.

해설

- dove è = dov'è : 모음 e가 충돌하면서 자연스럽게 축약됩니다.
- sulla sedia = su + la sedia = on the chair(의자 위에)
  sula아니라 sulla가 된 것은 발음을 매끄럽게 하려는 자연스러운 현상입니다.

이탈리아의 세계적인 작가 Collodi가 탄생시킨 어린이들의 친구 Pinocchio
www.pinocchio.it

[새단어]

· **professoressa** 여교수, 여교사 〈professor(e)(교수, 교사 (중 · 고교)) + essa(女)〉
· **dov'è ~?** 어디에 있나요?
· **la borsa** 가방
· **sulla** 전치사 su + 정관사 la, 영어로는 on the~
· **sedia** 의자

회화연습

문형연습

1. 가방은 어디에 있나요? 가방은 의자 위에 있습니다.

1) 칠판(la lavagna), 교실 안에(nell'aula)
2) 책, 책상 위에(sul banco)
3) 테이블(il tavolo), 교실 안에

2. 담배들은 어디에 있나요? 담배들은 가방 속에 있습니다.

1) 담배들(le sigarette), 테이블 위에(sul tavolo)
2) 종이들(i fogli), 서랍 속에(nel cassetto)
3) 책들(i libri), 의자 위에(sulla sedia)

학습포인트

'담배들은 어디 있나요? Dove sono le sigarette?'
주어가 복수이므로 essere 동사 활용은 3인칭 복수인 sono로 해야 합니다.

께 꼬사 체 넬라울라

9 nove | Che cosa c'è nell'aula?

교실엔 무엇이 있나요?

기본회화

쁘로펫쏘렛싸 께 꼬사 체 넬라울라
Professoressa : **Che cosa c'è nell'aula?**

다니엘 넬라울라 체 일 따볼로 체 라 라바냐 치 쏘노 이 방끼
Daniel : Nell'aula c'è il tavolo, c'è la lavagna ; ci sono i banchi,

레 쎄디에 레 휘네스뜨레
le sedie, le finestre.

해설

■ nell'aula에서 nella를 우리는 전치사 in과 정관사 la가 결합되었다하여 '전치사관사'라 부릅니다. 다른 예를 들어볼까요?

· in + il = nel

· in + lo = nello

· in + i = nei

· in + gli = negli

■ i banchi는 il banco의 복수 형태. 복수 규칙에 따르면 i banci가 되어야 하는데, 동일한 음가를 유지키 위해 h를 삽입시켜 i banchi가 되었습니다.

[새단어]

· **che cosa** 무엇 (간혹 의문형용사 che를 생략하기도 한다)

· **c'** = ci. 여기서 ci는 장소부사로서 nell'aula(교실에)로 보면 되겠죠? 물론 축약형이구요.

· **nell'aula** = nella aula = in + la aula(교실), in + la는 nella로 굳어졌고 nella aula는 모음축약에 따라 nell'aula로 간편하게 변했습니다.

· **il tavolo** 테이블　· **la lavagna** 칠판　· **i banchi** 책상들

· **le sedie** 의자들　· **le finestre** 창문들

회화연습

문형연습

교실엔 무엇이 있나요? 교실엔 테이블이 있습니다.

1) 가방 속에(nella borsa), 지갑(il portafoglio) / 여권(il passaporto)
2) 책상 위에(sul banco), 신문(il giornale) / 펜(la penna) / 노트들(i quaderni) / 종이들(i fogli)

학습포인트

C'è + 단수 : C'è il portafoglio.
ci sono + 복수 : Ci sono i quaderni.

심화학습

'구체적인 사람의 소유'를 나타낼 땐 전치사 di를 사용하세요.

Sul banco 책상 위에	c'è (there is)	il giornale 신문 la borsa 가방 il dizionario 사전	di (소유)	Ingrid Antonio Maria
	ci sono (there are)	i quaderni 노트들 i fogli 종이들		

그림으로 단어 공부하기 1

IN CLASSE 학급

la gomma

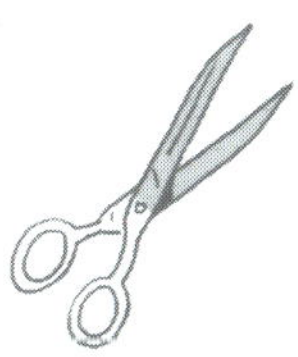

le forbici

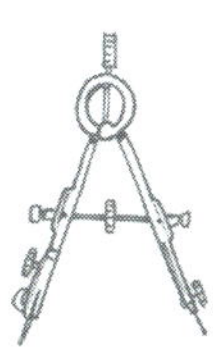

il compasso

l'insegnante

la riga

10 dieci | Pronto... ciao, che fai?

쁘론또 … 챠오 께 휘이

여보세요 … 잘 있었어? 뭐 해?

기본회화

잉그리드 / 쁘론또 / 챠오 / 께 / 휘이
Ingrid : **Pronto... ciao, che fai?**

로베르뜨 / 쁘레빠로 / 일 쁘란쪼
Robert : Preparo il pranzo.

해설

- ciao : 친근한 사이의 인사말로서 사용 빈도가 매우 높습니다.
  처음 만나는 사이거나 예의를 갖출 경우엔
  · Buongiorno! (오전에서 오후 5시 경까지)
  · Buonasera! (저녁에서 밤까지)를 사용합니다.
  · Buonanotte!는 밤 늦게 헤어질때 '좋은 밤 되세요' 의 의미를 갖는 인사말입니다.

- · Ciao, Laura!(○)
  · Ciao, Professor Kim!(△)
  · Buongiorno, Professor Kim!(○)

[동사활용] io faccio, tu fai, lui fa, noi facciamo, voi fate, loro fanno

[새단어]

· **pronto** 여보세요(전화 대화)
· **ciao** 안녕, 잘 지냈어? (만날 때나 헤어질 때 하는 친근한 인사말)
· **che** 무엇, 뭐
· **fai** 하다(fare의 2인칭 단수)
· **preparo** 준비하다(preparare의 1인칭 단수)
· **il pranzo** 점심 식사

회화연습

문형연습

1. 여보세요… 잘 있었니? 뭐 해? 점심 준비 해.

1) 편지 써(scrivere una lettera)
2) 음악 들어(ascoltare un po' di musica)

2. 여보세요… 잘 있었니? 너희들 오늘 뭐 할거니? (che fate oggi?) **집에 있을 거야.**

1) 학교에 있을 거야(essere a scuola)
2) 정원에서 일을 끝낼 거야(finire il lavoro in giardino)

학습 포인트

동사의 활용어미는 인칭에 따라 달라지는데, 그 속에 일정한 규칙이 있습니다.

ascolt – are (듣다)		scriv – ere (쓰다)	sent – ire(듣다)	fin – ire(끝내다)	
(io)	-o	-o	-o	-isc-o	cap - ire(이해하다)
(tu)	-i	-i	-i	-isc-i	sped - ire(발송하다)
(lui, lei)	-a	-e	-e	-isc-e	prefer - ire(선호하다)
(noi)	-iamo	-iamo	-iamo	-iamo	
(voi)	-ate	-ete	-ite	-ite	
(loro)	- ano	-ono	-ono	-isc-ono	

11 undici | Che ore sono?

께 오레 쏘노

몇 시죠?

기본회화

프랑까 께 오레 쏘노
Franca : **Che ore sono?**

마리오 쏘노 레 운디치
Mario : Sono le undici.

해설

- Sono le undici 에서 정관사 le가 사용된 것은 le ore undici의 의미를 갖기 때문이며 주어가 복수이므로 essere 동사는 sono로 활용되었습니다.

단어이야기

I numeri (숫자들)

우노 uno(1)	쎄이 sei(6)	운디치 undici(11)	쎄디치 sedici(16)
두에 due(2)	셋떼 sette(7)	도디치 dodici(12)	디치아셋떼 diciassette(17)
뜨레 tre(3)	옷또 otto(8)	뜨레디치 tredici(13)	디치옷또 diciotto(18)
꽈뜨로 quattro(4)	노베 nove(9)	꽈또르디치 quattordici(14)	디치안노베 diciannove(19)
친꿰 cinque(5)	디에치 dieci(10)	뀐디치 quindici(15)	벤띠 venti(20)

[새단어]

- **ore** ora(시간)의 복수 형태
- **undici** 숫자 11

회화연습

문형연습

몇 시죠? 11시입니다.

1) 8시 　 2) 9시 15분 　 3) 10시 30분 　 4) 13시 　 5) 1시 45분

학습포인트

1. sono le [시간] e [분].

- Sono le otto e quindici.(8시 15분)
- Sono le nove e trenta (혹은 mezzo).(9시 30분)
- Sono le tredici.(13시)

2. È l'una e dieci.(1시 10분)에서 essere 동사가 3인칭 단수로 된 것은 주어가 단수인 '한 시'이므로 그렇습니다. 뒤따르는 분은 관계가 없죠.

3. 15분은 한 시간의 1/4이므로 $\frac{\text{un}}{\text{기수}}\ \frac{\text{quarto}}{\text{서수}}$ 라고도 하며, 45분은 한시간의 3/4이므로 tre quarti 라고 하는 데, 여기서 주의할 점은 분수 규칙에서 분자가 복수일 땐 분모의 어미를 복수로 해야합니다.

4. 서수는 기수와는 달리 명사와 성 · 수가 일치합니다. ☞ 119쪽 참조.

쁘리모	쎄콘도	떼르쪼	꽈르또	뀐또	쎄스또	셋띠모	옷따보	노노	데치모
primo,	secondo,	terzo,	quarto,	quinto,	sesto,	settimo,	ottavo,	nono,	decimo

예) prima donna, primo livello

12 | Scusa, Franca, a che ora apre la banca?

dodici

스꾸사 프랑까 아 께 오라 아쁘레 라 방까

Scusa, Franca, a che ora apre la banca?

미안한데, 프랑까, 은행은 몇 시에 열지?

기본회화

다니엘 스꾸사 프랑까 아 께 오라 아쁘레 라 방까
Daniel : **Scusa, Franca, a che ora apre la banca?**

프랑까 알레 오또 에 벤띠
Franca : Alle 8.20.

다니엘 에 아 께 오라 끼우데
Daniel : E a che ora chiude?

프랑까 라 방까 끼우데 알레 뜨레디치 에 벤띠
Franca : La banca chiude alle 13.20.

다니엘 그랏찌에 밀레
Daniel : Grazie mille!

프랑까 쁘레고
Franca : Prego!

해설

- Alle 8.20에서 alle인 것은 질문이 a che ora, 즉 '몇 시에' 라고 물었기 때문에 그렇고, 8.20은 8시 20분을 뜻합니다. 8 : 20라 쓰는 우리식 표기와 다릅니다.
- Grazie mille! 에서 mille는 숫자 1000을 나타냅니다. 즉, 천 번 고맙다는 의미죠. Grazie molto!, Grazie tanto! 등으로 대치될 수 있습니다.
- Prego!는 참으로 용법이 다양합니다. '천만에요' 는 물론이고, '들어오세요, 앉으세요, 먼저 하시죠' 로도 쓰입니다.

[새단어]

- **scusa** 미안해
- **chiude** 닫다 (chiudere의 3인칭 단수)
- **grazie** 감사합니다, 고마워
- **mille** 대단히
- **la banca** 은행
- **a che ora** 몇 시에
- **apre** 열다 (aprire의 3인칭 단수)
- **prego** 천만에

회화연습

문형연습

1. 미안합니다만(scusi), 아가씨(signorina), 은행은 몇 시에 열죠?

1) 선생님(Mr./Signore) , 약국(la farmacia)
2) 부인(Mrs./Signora) , 우체국(l'ufficio postale)
3) 교수님(Professore) , 박물관(il museo)

2. 그럼 몇 시에 닫나요? 은행은 13시 20분에 닫습니다.

1) 약국 , 20시 15분
2) 우체국, 17시 30분
3) 박물관, 18시 30분
4) 백화점(i grandi magazzini), 20시
5) 도서관(la biblioteca), 18시 20분

학습포인트

1. Scusi, Signorina / Signore / Signora / Professore...
Scusa, Franca / Daniel / Robert / Ingrid...

2. 시간을 말하기 위해서는 숫자를 읽을 수 있어야 합니다.

- Alle 13.20 - Alle tredici e venti
- Alle 20.15 - Alle venti e quindici(혹은 un quarto)
- Alle 17.30 - Alle diciasette e trenta(혹은 mezzo)
- Alle 18.30 - Alle diciotto e mezzo
- Alle 20 - Alle venti
- Alle 18.20 - Alle diciotto e venti

그림으로 단어 공부하기 2

L'UFFICIO 사무실

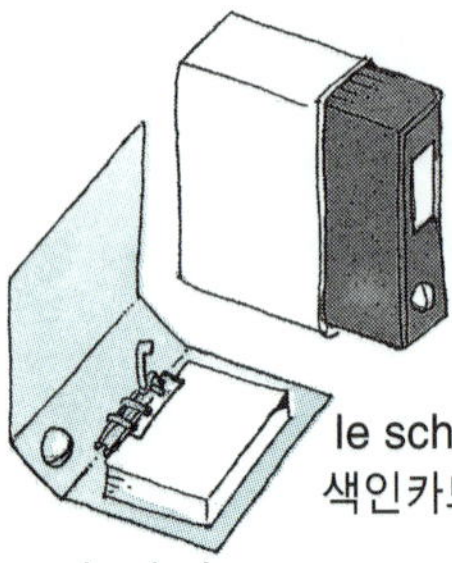

le schede
색인카드

lo schedario
카드철

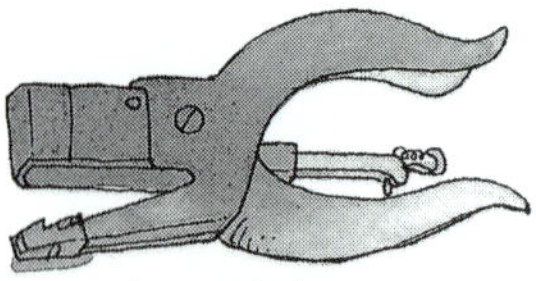

la cucitrice
스테이플러

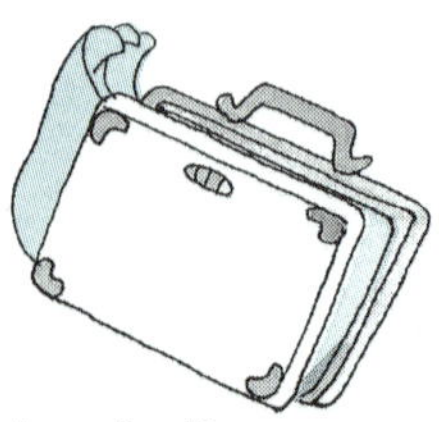

la valigetta
portadocumenti
서류 가방

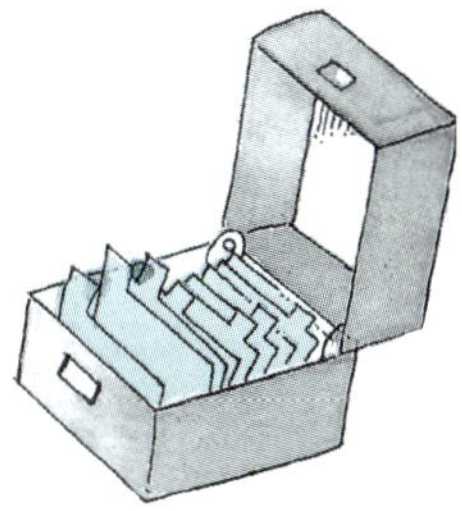

분류함
il classificatore

계산기
la calcolatrice

수첩(다이어리)
l'agenda

스꾸사 께 지오르노 에 옷쥐

13 tredici | Scusa, che giorno è oggi?

미안한데, 오늘 무슨 요일이지?

기본회화

다니엘 스꾸사 께 지오르노 에 옷쥐
Daniel : **Scusa, che giorno è oggi?**

로베르뜨 옷쥐 에 메르꼴레디
Robert : Oggi è mercoledì.

해설

■ Scusa : scusare 동사의 tu에 대한 명령형인데요, Lei에 대한 명령, 즉 존칭형 scusi와 비교하세요. 명령형은 따로 정리하겠습니다. ☞ 183쪽 참조.

단어이야기

I giorni della settimana (일주일)

· lunedì(月) · martedì(火) · mercoledì(水) · giovedì(木)
· venerdì(金) · sabato(土) · domenica(日)

[새단어]

· **scusa** 미안해(친근한 사이에 사용)
· **oggi** 오늘
· **che giorno** 어떤 날, 즉 무슨 요일
· **mercoledì** 수요일

회화연습

문형연습

미안한데, 오늘 무슨 요일이지? 오늘은 수요일이야.

1) 월요일	2) 화요일	3) 목요일
4) 금요일	5) 토요일	6) 일요일

문화한마디

1990년까지만 해도 밀라노, 로마 등 대도시에 한 군데 정도만 있을 정도로 인스턴트 식품은 이탈리아인들에게 인기가 없었습니다. 하지만 현재에는 남녀노소 할 것 없이 햄버거를 자주 즐겨서 매장은 폭발적으로 늘어났습니다. 도심의 매장에서는 지도를 나누어 주는 등의 서비스로 여행객들에게 편의를 제공하기도 하구요.

잠깐쉬어요!

월요일부터 금요일까지는 dì의 형태를 갖는데요, dì는 영어의 day입니다. 여담이지만 일주일 가운데 근무일은 모두 dì인데 반해, 휴일은 sabato, domenica로서 다른 형태를 갖고 있죠.
또, 월요일부터 토요일까지는 모두 남성이나 일요일만 여성입니다. 그러므로 남성들이여! 일요일은 여성을 여왕처럼 모셔야 하느니라!!!!

14 | Silvia, quando parti per l'Italia?
quattordici

씰비아 꽌도 빠르띠 뻬르 리딸리아

씰비아, 넌 언제 이탈리아로 떠나니?

기본회화

잉그리드 씰비아 꽌도 빠르띠 뻬르 리딸리아
Ingrid : **Silvia, quando parti per l'Italia?**

씰비아 빠르또 인 아고스또
Silvia : Parto in agosto.

해설

- '몇 월에' 할 때는 전치사 in을 사용하거나, nel mese di agosto를 사용하기도 합니다.
- 1월에서 12월까지의 명칭은 영어와 비슷하여 쉽게 익혀질 것입니다.
  ☞ 아래 단어 이야기를 보세요.

'2001년 9월 3일' 을 어떻게 표현할까요?

Il 3 settembre 2001 혹은 03/09/2001
日 月 年

단어이야기

I mesi dell'anno (1년 12달)

· gennaio (1월)	· febbraio (2월)	· marzo (3월)	· aprile (4월)
· maggio (5월)	· giugno (6월)	· luglio (7월)	· agosto (8월)
· settembre (9월)	· ottobre (10월)	· novembre (11월)	· dicembre (12월)

[새단어]

- **quando** 언제
- **per** ~를 향하여, ~로
- **parti** 떠나다 (partire의 2인칭 단수)
- **agosto** 8월

회화연습

문형연습

씰비아, 넌 언제 이탈리아로 떠나니? 8월에 떠나.

1) 프랑스, 2월 2) 독일, 5월 3) 한국, 10월
4) 영국, 7월 5) 스페인, 12월

문화한마디

피사 성당과 사탑

사진 속의 성당은 1068년에 공사를 시작하여 13세기에 현재의 모습을 갖춘 로마네스크식의 흰 대리석 건물입니다. 사탑은 기울어진 채로 수세기동안 건재하게 서 있어 세계적인 불가사의로 꼽히죠. 갈릴레오 갈릴레이가 '물체의 낙하법칙'을 실험한 장소로도 유명한 이곳은 원래는 성당의 종루였다고 합니다.

Pisa의 Duomo
myhome.naver.com/jaylino

15 quindici | Quale stagione preferisci?
꽐레 스따지오네 쁘레훼리쉬

넌 어떤 계절이 더 좋으니?

기본회화

다니엘 씰비아 꽐레 스따지오네 쁘레훼리쉬
Daniel : **Silvia, quale stagione preferisci?**

씰비아 쁘레훼리스꼬 라 쁘리마베라
Silvia : Preferisco la primavera.

해설

- 동사 preferire는 규칙 활용 어미와 어근 사이에 삽입사 -isc-가 들어갑니다. 이와 같은 활용을 하는 동사들로는 capire(이해하다), spedire(발송하다), finire(끝내다, 마치다)등이 있습니다.

[동사활용]

preferire	
(io) preferisco (tu) preferisci (lui) preferisce	*(noi) preferiamo *(voi) preferite (loro) preferiscono

주 단, noi, voi에 대한 활용에선 -isc-가 들어가지 않습니다.

[새단어]

- **quale** 어떤
- **stagione** 계절
- **primavera** 봄
- **preferisci** 선호하다(preferire의 2인칭 단수)

회화연습

문형연습

씰비아, 넌 어떤 계절이 더 좋으니? 난 봄을 더 좋아해.

1) 여름(l'estate)　　2) 가을(l'autunno)　　3) 겨울(l'inverno)

단어이야기

Le stagioni dell'anno (일년 4계절)

1. la primavera (봄)　　l'estate (여름)
   l'autunno (가을)　　l'inverno (겨울)

2. in primavera (봄에)　　in estate, d'estate (여름에)
   in autunno, d'autunno (가을에)　　in inverno, d'inverno(겨울에)

잠깐쉬어요!

상품의 질 뿐만 아니라 인테리어 디자인에도 큰 비중을 두고 있어 물건을 사지 않더라도 보는 즐거움을 주고 있습니다. 쇼윈도를 관리해 주는 vetrinista라는 직업이 있을 정도니 알만하시죠?

Rocca 상점 쇼윈도

챠오 마리오 도베 봐이

16 | Ciao, Mario, dove vai?

sedici

안녕, 마리오, 어디 가니?

기본회화

씰비아 챠오 마리오 도베 봐이
silvia : **Ciao, Mario, dove vai?**

마리오 봐도 인 방까 에 뽀이 데보 안다레 알라 뽀스따
Mario : Vado in banca e poi devo andare alla posta.

에 뚜 씰비아 도베 봐이
E tu, Silvia, dove vai?

씰비아 봐도 알 쑤뻬르메르까또 데보 화레 라 스뻬사
Silvia : Vado al supermercato, devo fare la spesa,

뽀이 봐도 인 화르마치아
poi vado in farmacia.

해설

- devo andare alla posta에서 devo를 양상동사라 부르며, 동사 원형이 뒤따라옵니다. devo fare la spesa도 같은 맥락이죠.
- fare 동사는 우리말의 구조와 같이 명사가 첨가되면서 '~하다' 라는 숙어가 됩니다.
예) fare i compiti (숙제하다) fare equitazione (승마하다) fare colazione (아침 식사하다)

[동사활용]

andare (go)		**dovere** (must)	
(io) vado	(noi) andiamo	(io) devo	(noi) dobbiamo
(tu) vai	(voi) andate	(tu) devi	(voi) dovete
(lui) va	(loro) vanno	(lui) deve	(loro) devono

[새단어]

- **dove** 어디(에)
- **vado** 가다 (andare 동사의 1인칭 단수)
- **poi** 그리고 나서
- **alla posta** 우체국에
- **fare la spesa** 쇼핑하다
- **vai** 가다 (andare 동사의 2인칭 단수)
- **in banca** 은행에
- **devo** ~해야만 한다 (dovere의 1인칭 단수)
- **al supermercato** 슈퍼마켓에
- **in farmacia** 약국에

회화연습

문형연습

안녕, 마리오, 어디 가니? 은행에 간다. 그리고 나서 우체국에 가야해.

1) 약국에, 은행에
2) 서점에(in libreria), 정육점에(in macelleria)
3) 담배 가게에(in tabaccheria), 신문 판매점에(in edicola)

단어 이야기

보기와 같이 연결하면서 단어 공부하세요.

☞ 정답은 229쪽에.

(담배 가게)	tabaccheria •	• aspirina	(아스피린)
(향수 가게)	profumeria •	• pollo arrosto	(훈제 닭고기)
(정육점)	macelleria •	• rossetto	(립스틱,루즈)
(약국)	farmacia •	• salsicce	(이태리식 소시지)
(신문 판매점)	edicola •	• dolce	(후식으로 먹는 단 것)
(빠스타 가게)	pasticceria •	• francobolli	(우표)
(닭구이 집)	rosticceria •	• giornale	(신문)

그림으로 단어 공부하기 3

IL SUPERMERCATO 슈퍼마켓

il prezzo
가격
il venditore
판매인, 상인
gli scaffali
선반
nco 매대
le bottiglie
병들
la frutta e
gli ortaggi
과일과 채소
la borsa
가방
i surgelati
냉동식품들
i clienti 손님들
i barattoli
di conserva
보관용
용기들

la mela
la banana
l'uva
le fragole
i pomodori
le carote
il latte
la carne
il pesce
il pollo
il gelato
la torta
il burro

17 diciassette | Mario, andiamo in piscina giovedì sera?

마리오 안디아모 인 삐쉬나 지오베디 쎄라

마리오, 우리 목요일 저녁에 수영장에 갈까?

기본회화

씰비아 마리오 안디아모 인 삐쉬나 지오베디 쎄라
Silvia : **Mario, andiamo in piscina giovedì sera?**

마리오 씨 볼렌띠에리 오 볼리아 디 누오따레
Mario : Sì, volentieri, ho voglia di nuotare.

해설

- ho voglia di ~ 나는 ~을 원한다(하고 싶다)
- andiamo in piscina ~? 의문문이므로 '우리 수영장에 갈까' 로 봐야 합니다. 평서문이라면 '우리는 수영장에 간다' 입니다.

[동사활용] **회화에 자주 쓰이는 동사일수록 불규칙 활용이 많아요. 반복적으로 사용해 봐야 익힐 수 있습니다.**

<table>
<tr><th colspan="3">~를 원한다</th></tr>
<tr><td rowspan="2">(io) ho
(tu) hai
(lui) ha
(noi) abbiamo
(voi) avete
(loro) hanno</td><td rowspan="2">voglia di</td><td>un caffè
un gelato (아이스크림)
una bibita fresca (시원한 음료수)</td></tr>
<tr><td>fumare una sigaretta (담배피우다)
andare al cinema (영화관에 가다)</td></tr>
</table>

[새단어]

- **andiamo** 가다 (andare의 복수 1인칭)
- **volentieri** 좋아, 기꺼이
- **voglia** 욕망, 욕구 ← **volere**(원하다)
- **nuotare** 수영하다
- **sì** Yes
- **in piscina** 수영장에
- **giovedì sera** 목요일 저녁

회화연습

문형연습

마리오, 우리 목요일 저녁에 수영장에 갈까? 그래, 좋아. 난 수영하고 싶어.

1) 수요일 저녁, 영화관에(al cinema), 영화를 보다(vedere un film)
2) 토요일 저녁, 극장에(a teatro), 오페라를 보다(vedere un'opera)

단어이야기

1. cinema는 외형적으로 보면 여성명사인 것 같은데 남성입니다. 다른 예를 들어보면 il tema(테마), il problema(문제), il sistema(시스템), il pigiama(파자마) ...

2. al teatro라고 하지 않는 것에 주의하세요.

3. '~에 간다'는 표현을 익히세요.

(io)	vado	al	ristorante, bar(빠), mare(바다)
(tu)	vai	alla	mensa(구내식당), posta, stazione(역)
(lui,lei)	va	all'	Università(대학교)
(noi)	andiamo	in	Corea, centro(시내, 중심지), ufficio(회사, 사무실),
(voi)	andate		farmacia, montagna(산), biblioteca(도서관)
(loro)	vanno	da	Gianni, mio fratello(지안니 집에, 내 형 · 동생 집에)

마리오 비에니 알 마레 꼰 메

18 | Mario, vieni al mare con me
diciotto

도메니까 맛띠나

domenica mattina?

마리오, 일요일 오전에 나랑 바닷가에 갈래?

기본회화

씰비아 마리오 비에니 알 마레 꼰 메 도메니까 맛띠나

Silvia : **Mario, vieni al mare con me domenica mattina?**

마리오 논 쏘 논 쏘노 씨꾸로 훠르쎄 데보 안다레 아 로마 꼰 이 미에이 제니또리

Mario : Non so, non sono sicuro: forse devo andare a Roma con i miei genitori.

해설

■ Mario, vieni al mare ~?에서 vieni(venire의 2인칭 단수)는 '오다, 가다' 의 의미를 모두 갖는데, 우리말로는 '갈래?' 이지만 엄밀히 말하자면 화자도 바닷가에 간다는조건 하에 'Mario, 너도 갈래?' 의 의미를 포함합니다. 반면에 화자가 가지 않는 조건이면 'Mario, vai al mare~?' 라고 해야 합니다.

■ i miei genitori에서 miei는 소유형용사입니다. 소유형용사는 수식하는 명사의 성 · 수를 따르기 때문에 원형 mio를 변형시킨 miei가 되는 것이죠. 소유형용사는 따로 정리합시다.

☞ 60쪽 참조.

[새단어]

- **vieni** 가다 (venire의 2인칭 단수)
- **al mare** 바닷가에
- **con me** 나랑
- **domenica** 일요일
- **mattina** 아침, 오전
- **so** 알다(sapere의 1인칭 단수)
- **sicuro** 확실한, 확실히
- **forse** 아마도
- **i miei genitori** 나의 부모님들

회화연습

문형연습

모르겠어. 확실히는 몰라도 아마 나의 부모님들과 로마에 가야할 지도 몰라.

1) 나의 친구들(i miei amici), 피렌체에(a Firenze)
2) 나의 여자 친구(la mia amica), 밀라노에(a Milano)
3) 나의 아내(mia moglie), 서울에(a Seoul)

[동사활용] venire가 전치사 'da'와 결합되면 '출신'을 의미한다.

venire (가다, 오다) + da (출신)		
(io)	vengo	da Seoul
(tu)	vieni	dalla Corea
(lui)	viene	dal Giappone
(noi)	veniamo	dall'Egitto
(voi)	venite	dagli Stati Uniti
(loro)	vengono	

단어이야기

소유형용사 정리하면서 설명이 있겠지만 '나의 아내 mia moglie'엔 정관사가 빠져 있습니다. 이것은 가족, 친족 단수명사 앞에 소유형용사가 올 경우에 그렇습니다. ☞ 61쪽 참조.
예) mio padre, mia madre, mio marito(남편), mia sorella(누이)

반드시 알고 넘어가야 하는 페이지

소유형용사 1

1. 소유형용사

	mio	
	tuo	maglione 스웨터
il	suo	orologio 시계
	nostro	cappotto 외투
	vostro	
	loro	

	mia	
	tua	camicia 셔츠
la	sua	sciarpa 목도리
	nostra	amica 여자친구
	vostra	
	loro	

	miei	pantaloni 바지
	tuoi	guanti 장갑
i	suoi	amici 남자 친구들
	nostri	fratelli 남자 형제들
	vostri	zii 삼촌들
	loro	nonni 할아버지들

	mie	scarpe 신발
	tue	calze 스타킹
le	sue	amiche 여자 친구들
	nostre	zie 숙모들
	vostre	sorelle 여자 형제들
	loro	nonne 할머니들

주 il **suo** maglione 에서 스웨터의 소유자는 과연 '그 남자' 일까요? 형태상으로는 'suo' 이므로 '그 남자의 스웨터' 로 보기 쉬운데, 아직은 모릅니다. 전후 문맥을 봐야 하니까요. 왜 이런 현상이 생기는가 하면, 소유형용사의 어미는 단지 명사의 성 · 수를 따르기 때문입니다. 다음 도표를 보실까요?

<table>
<tr><td rowspan="2">Nella camera di</td><td>Carla</td><td>c'è</td><td>il suo cappotto 그녀의 외투
la sua giacca 그녀의 재킷, 저고리</td></tr>
<tr><td>Marco</td><td>ci sono</td><td>i suoi pantaloni 그의 바지
le sue camicie 그의 셔츠들</td></tr>
</table>

loro는 성 · 수 일치하지 않습니다!!!

<table>
<tr><td rowspan="2">Nella camera di Paolo e Franco</td><td>c' è</td><td>il loro armadio 그들의 옷장
la loro scrivania 그들의 책상(서재용)</td></tr>
<tr><td>ci sono</td><td>i loro vestiti 그들의 옷들
le loro camicie 그들의 셔츠들</td></tr>
</table>

2. 소유형용사 + 단수 가족친족명사

(단, loro 예외)

	mio	padre 아버지
	tuo	fratello 형제(男)
	suo	zio 삼촌
	nostro	cugino 사촌(男)
	vostro	nonno 할아버지
il	loro	nipote 손자, 조카(男)

	mia	madre 어머니
	tua	sorella 형제(女)
	sua	zia 숙모
	nostra	cugina 사촌(女)
	vostra	nonna 할머니
la	loro	nipote 손녀, 조카(女)

19 | Direttore, vuole venire in pizzeria con noi stasera?

diciannove

(디렛또레 부올레 베니레 인 핏쩨리아 꼰 노이 스따쎄라)

부장님, 오늘 저녁에 저희랑 핏짜집에 가실래요?

기본회화

씰비아 / 디렛또레 부올레 베니레 인 핏쩨리아 꼰 노이 스따쎄라

Silvia : **Direttore, vuole venire in pizzeria con noi stasera?**

디렛또레 / 미 디스삐아체 논 뽓쏘 데보 라보라레 휘노 아 따르디

Direttore : Mi dispiace, non posso, devo lavorare fino a tardi.

해설

- direttore 라는 존칭으로 불렀기 때문에 vuole로 활용했습니다. 존칭은 3인칭이거든요.
- vuole venire~ 여기서도 화자는 핏짜집에 간다는 전제하에 '그리로 오실 겁니까?' 라고 물어 본 것이므로 venire 동사를 사용한 겁니다.
- mi dispiace를 분석하면 '나에게(mi) 싫다, 유감이다(dispiace)' 인데 '미안하다' 정도로 보시면 됩니다.즉, 상대의 제안을 거절할 때 사용하면 되죠.

[동사활용]

volere(want)		**potere**(can)		**dovere**(must)	
(io)	voglio	(io)	posso	(io)	devo
(tu)	vuoi	(tu)	puoi	(tu)	devi
(lui)	vuole	(lui)	può	(lui)	deve
(noi)	vogliamo	(noi)	possiamo	(noi)	dobbiamo
(voi)	volete	(voi)	potete	(voi)	dovete
(loro)	vogliono	(loro)	possono	(loro)	devono

[새단어]

- **direttore** 부장, 사장
- **con noi** 우리와 함께
- **mi dispiace** I'm sorry
- **lavorare** 일하다
- **tardi** 늦게
- **vuole** 원하다 (volere의 3인칭 단수)
- **stasera** 오늘 저녁
- **posso** ~할 수 있다 (potere의 1인칭 단수)
- **fino a~** ~까지

회화연습

문형연습

미안합니다. 갈 수가 없군요. 늦게까지 일해야 하거든요.

1) 토요일까지(fino a sabato), 논문 준비해야(preparare la tesi)
2) 2시까지(fino alle 2), 집에 있어야(stare a casa)
3) 늦게까지, 청소해야(pulire)

학습포인트

1. 다음 단어를 이용해서 '저는 ~해야 하거든요' 라는 말을 만들어 보세요.

1) scrivere una lettera(편지 쓰다)
2) fare un giro in macchina(자동차로 돌아다니다)
3) fare la spesa(장보다) *cf.* fare le spese(쇼핑하다)
4) preparare un esame(시험 준비하다)

2. 조동사 volere, potere, dovere를 비교해 보세요!

· volere + [명사] : Voglio un caffè.
　　　　[동사원형] : Vuoi venire in piscina?

· potere
　　　> + [동사원형] : Posso capire l'italiano. Devo andare a casa.
· dovere

마리오 비에니 인 디스꼬떼까
20 | Mario, vieni in discoteca
venti

꼰 노이
con noi?

마리오, 우리랑 디스코텍에 갈래?

기본회화

프랑까 마리오 비에니 인 디스꼬떼까 꼰 노이
Franca : **Mario, vieni in discoteca con noi?**

마리오 체르또 에 우나 부오나 이데아
Mario : Certo, è una buona idea.

해설

- 상대방의 제안에 대응하는 방법은 크게 세 가지입니다. 즉, 수용, 거절, 불확실한 경우이죠.

1) 수용할 경우 : Sì, volentieri. 그럼, 물론이지.
Certo, è una buona idea. 물론이지, 좋은 생각이야.
Perché no? 왜 아니겠어? 좋아!

2) 거절할 경우 : Mi dispiace, non posso. 미안해, 갈 수가 없어.
No, non ho voglia. 아니, 원하지 않아(생각없어).
No, grazie, ho da fare. 고맙지만, 할 일이 있어.

3) 불확실할 경우 : Non so, non sono sicuro. 확실히 모르겠어.
Forse... 아마도 …(어쩌면 …, 글쎄 …)

[새단어]

· **certo** 물론 · **buona** 좋은(good) · **idea** 생각, 아이디어

회화연습

문형연습

마리오, 우리랑 디스코텍에 갈래? 물론이지. 좋은 생각이야.

1) 빠에(al bar), 왜 아니겠어? 좋아!
2) 레스토랑에(al ristorante), 미안해 갈 수가 없어.
3) 스키타러(a sciare), 확실히 모르겠어 …
4) 시내에(in centro), 고맙지만 할 일이 있어.

학습포인트

con	*me	나랑
	*te	너랑
	lui	그랑
	lei	그녀랑
	Lei	당신이랑

con	noi	우리랑
	voi	너희랑
	loro	그들이랑

주 전치사 **a, di, da, con** 등과 함께 인칭대명사가 사용될 경우, **io**와 **tu**를 사용해서는 안됩니다.
왜냐하면 전지사 뒤에는 강세형이 와야 하니까요.
즉, **con io, con tu**는 비문법적이죠. 나머지는 주격인칭대명사를 그대로 사용하면 됩니다.

다니엘 께 꼬사 쁘렌디

21 | Daniel... che cosa prendi?

ventuno

다니엘 … 뭐 먹을래?

기본회화

마리오 다니엘 께 꼬사 쁘렌디
Mario : **Daniel... che cosa prendi?**

다니엘 운 까페 에 우나 빠스따
Daniel : Un caffè e una pasta.

마리오 에 뚜 잉그리드 쁘레페리쉬 운 까뿟치노 오 운 까페
Mario : E tu Ingrid? Preferisci un cappuccino o un caffè?

잉그리드 쁘레페리스꼬 운 까뿟치노
Ingrid : Preferisco un cappuccino.

마리오 알로라 운 까페 우나 빠스따 에 운 까뿟치노
Mario : Allora, un caffè, una pasta e un cappuccino.

바리스따 에 뻬르 레이
Barista : E per Lei?

마리오 뻬르 메 운 쑤꼬 디 후룻따 에 운 뜨라멧찌노
Mario : Per me un succo di frutta e un tramezzino.

해설

- preferisci A o B? A 나 B중에 어떤 것을 더 좋아해? (_/ 올려읽기, ‾_ 내려읽기)

[새단어]

- **prendi** 마시다, 먹다 (prendere의 2인칭 단수)
- **pasta** 빠스따 (밀가루 음식의 총칭)
- **allora** 그러면
- **per me** 저를 위해서는
- **tramezzino** (일종의) 샌드위치
- **barista** 바텐더
- **cappuccino** 까뿟치노
- **per Lei?** 당신은 뭘 드시겠습니까?
- **succo di frutta** 과일즙

회화연습

문형연습

다니엘 … 뭐 먹을래? 커피와 빠스따 먹을게.

1) 우유(un latte), 빠스따
2) 생오렌지 주스(un'aranciata), 빠스따
3) 레몬차(un tè al limone)
4) 오렌지 주스(음료회사 제품) (una spremuta d'arancia)
5) 딸기 아이스크림(un gelato alla fragola)

단어이야기

동사 prendere(take, get)의 다양한 쓰임새를 보실까요?

(io) prendo	un gelato (아이스크림을 먹는다) un caffè (커피를 마신다) il treno (기차를 탄다) l'aereo (비행기를 탄다) l'autobus (버스를 탄다) il sole (일광욕을 한다)

문화한마디

Mangiamo la pasta!
빠스따를 먹자!

빠스따란 밀가루를 물에 반죽한 것의 총칭입니다. 밀가루가 주재료인 피자와 함께 빠스따는 통계에 따르면, 이탈리아 각 가정은 적어도 빠스따 한 봉지는 비치하고 있습니다. 39%는 스파겟띠를, 나머지는 펜 모양, 나비 모양의 빠스따와 마카로니를 선택하죠, 그러나 빠스따는 이탈리아 뿐만 아니라 유럽 여러 나라는 물론, 미국, 캐나다, 일본, 한국에서도 유명해졌습니다.
얼마 안가서 빠스따는 패스트푸드 메뉴에도 오를 것이라 전망하고 있습니다. 채 1분도 못 되어 따끈따끈한 빠스따 요리를 가능케하는 스파겟띠용 기계가 등장하고 있습니다.

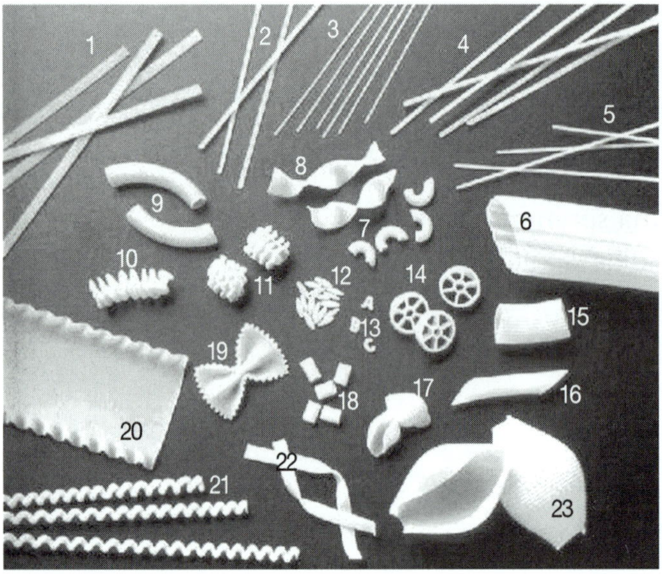

www.orio.net/pasta/all.htm

1. 페투치네: Fettuccine
2. 링귀네: Linguine
3. 엔젤 헤어, 카펠리니: Angel hair, Capellini
4. 스파겟티: Spaghetti
5. 베르미첼리: Vermicelli
6. 마니코티: Manicotti
7. 엘보우 마케로니: Elbow maccheroni
8. 와이드 에그 누들: Wide egg noodle
9. 지티: Ziti
10. 로티니: Rotini
11. 라디아토레: Radiatore
12. 오르조: Orzo
13. 알파벳: Alphabet
14. 루오테: Ruote, Wagon wheels
15. 리가토니: Rigatoni
16. 펜네: Penne, Mostaccioli
17. 콘킬리에: Conchiglie, Medium shells
18. 디탈리니: Ditalini
19. 파르팔레: Farfalle, Bow ties
20. 라자냐: Lasagna
21. 후질리: Fusilli
22. 미디엄 에그 누들: Medium egg noodle
23. 점보 쉘: Jumbo shells

볼로냐식 스파겟티
(Spaghetti alla Bolognese)

스파겟티 페스카토라
(Spaghetti pescatora)

이탈리아 화폐 단위

1.000lire
도안소개: (앞) Maria Montessori (1870-1952)
(뒤) 공부하는 어린이

2.000lire
(앞) Guglielmo Marconi (발명가, 1874-1937)
(뒤) 증기선

5.000lire
Vincenzo Bellini (작곡가, 1801-1835)
오페라 무대 장면

10.000lire
A.Volta (발명가, 1745-1827)
볼타기념관

50.000lire
Gian Lorenzo Berninico (예술가, 1598-1680)
콘스탄틴

100.000lire
Caravaggio (화가, 1573-1610)
과일바구니

500.000lire
Raffaello Sanzio (화가, 1483-1520)
아테네학당

Euro(에우로)화

2002년 1월부터 대부분 유럽 국가의 화폐 단위가 Euro로 변경되었습니다. 2002년 8월 현재, 2002리라를 1에우로로 환산하면 됩니다.

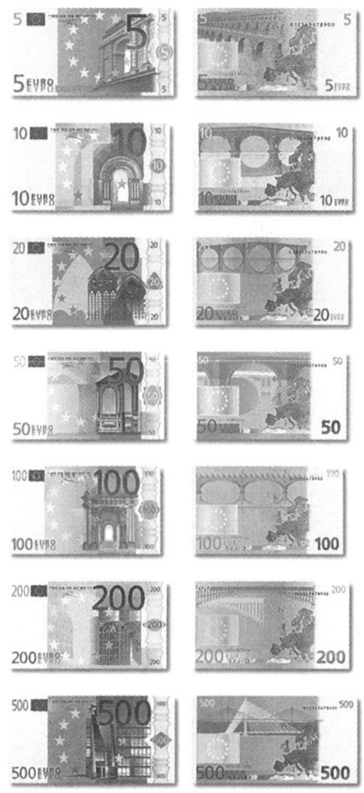

myhome.netsgo/c3lee/framepage3.htm

그림으로 단어 공부하기 4
IL SELF-SERVICE
셀프 서비스

il piatto 접시

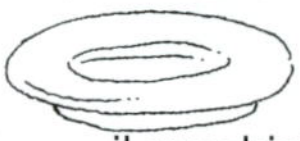

il coltello
나이프
il cucchiaino
티스푼

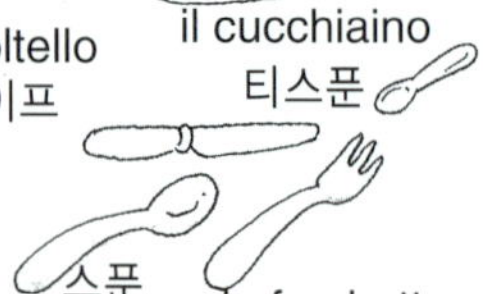

스푼
il cucchiaio
la forchetta
포크

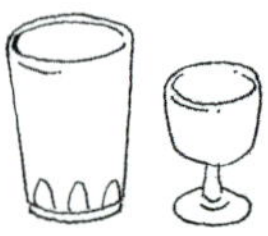

i bicchieri 잔

la lattina 캔

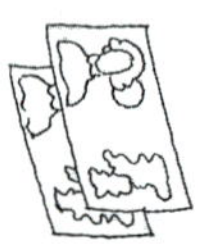

le banconote
지폐

i soldi
돈

le monete
동전

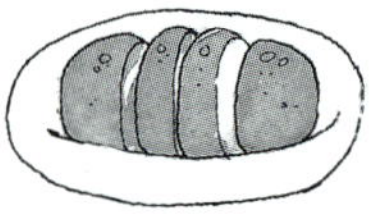

il pane 빵

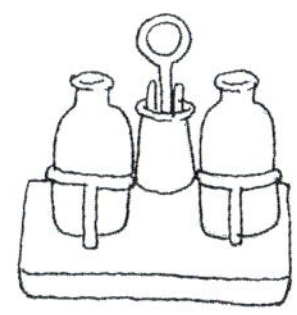

l'ollo e l'aceto
올리브유와 식초

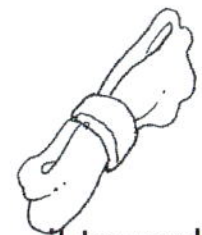

il tovagliolo
냅킨

la frutta 과일

la macedonia
di frutta 과일 마케도니아

il dolce
단과자

il caffè
커피

부오이 우나 씨가렛따

22 | Vuoi una sigaretta?

ventidue

담배 한 대 피울래(원해)?

기본회화

씰비아 부오이 우나 씨가렛따
Silvia : **Vuoi una sigaretta?**

다니엘 노 그랏찌에 논 후모
Daniel : No, grazie. Non fumo.

해설

- Vuoi una sigaretta? 담배 원하니? 다시 말해서 '담배 피우다' 인 fumare 동사가 vuoi 다음에 생략되었습니다. 그러나 volere 동사는 명사가 바로 뒤따라와서 '~을 원하니?' 로도 쓰이죠. Vuoi un caffè ? 커피 원해(마실래)?

[동사활용]

fumare(담배 피우다)	
(io)	fumo
(tu)	fumi
(lui)	fuma
(noi)	fumiamo
(voi)	fumate
(loro)	fumano

[새단어]

- **sigaretta** 담배
- **fumo** 담배 피우다(fumare의 1인칭 단수)
- **grazie** 감사합니다, 고맙다

회화연습

문형연습

담배 한 대 피울래(원해)? 그래, 고맙다.

1) 오렌지 먹을래? (un'arancia)
2) 커피 한 잔 할래? (un caffè)
3) 도움을 원하니? (una mano)

잠깐쉬어요!

이탈리아의 여성 흡연 인구는 증가하는 반면, 남성 흡연 인구는 감소하는 추세입니다.
기차에도 흡연칸과 금연칸으로 구분되어 있는 정도로 그들은 애연가 권리를 얻고 있는 셈이죠. 최고 인기 담배는 역시 말보로, 한 갑에 5600리라(3360원). 무척 비싼 편이라 애연가인 그들은 필터가 타들어 갈 정도로 알뜰히 피워댑니다. 담배 꽁초는 재떨이가 보이지 않으면 길에 아무데나 버리는 것이 습관이 되어 있습니다. 이것은 보이는 곳에 버려야 내일 새벽 청소자가 발견해 정소할 것이라는 믿음이죠. 구석에 버려 썩는다면 환경오염이 더 심각해 질 수 있다는 그들만의 합리성의 결과라고 봐 둡시다.

뽓쏘 엔뜨라레

24 | Posso entrare?

ventiquattro

들어가도 되나요?

기본회화

로베르뜨 뽓쏘 엔뜨라레
Robert : **Posso entrare?**

쁘로펫쏘렛싸 쁘레고 아반띠
Professoressa : Prego... avanti!

해설

- posso + 동사원형? ~할 수 있나요? ~해도 되나요?
- prego는 용법이 매우 다양합니다. '천만에요, 들어오세요, 앉으세요, 먼저 타시죠, 먼저 지나가시죠 …'
- avanti 는 본래 '앞으로' 라는 의미입니다.

[동사활용]

potere(can) : 불규칙 활용			
(io)	posso	fare una domanda?	**질문해도 될까요?**
(tu)	puoi	chiudere la finestra?	**창문 닫아줄 수 있니?**
(lui)	può	ripetere, per favore?	**반복해 주시겠습니까?**
(noi)	possiamo	entrare?	**들어가도 되겠습니까?**
(voi)	potete	parlare più piano?	**더 천천히 말해줄 수 있니?**
(loro)	possono	capire la lingua italiana?	**이탈리아어를 이해할 수 있어?**

주 의문문의 형태는 평서문에 의문부호와 끝을 올리는 억양을 주면 간단히 해결됩니다.

[새단어]

· **posso** ~할 수 있다 (potere의 1인칭 단수)
· **entrare** 들어가다
· **prego... avanti!** 네, 어서 오세요!

회화연습

문형연습

들어가도 되나요? 네, 들어오세요!

1) 문을 열어도(aprire la porta), 네, 물론이죠(sì, certo).
2) 한 가지 물어봐도(chiedere una cosa), 네 물론이죠.
3) 질문 하나 해도(fare una domanda), 네 물론이죠.

학습포인트

아래 표현들을 사용해 '(Tu)~ 할 수 있겠니?' 문형을 만들어 보세요.

☞ 정답은 230쪽에

1. restare un po' (좀 더 머물다)
2. chiudere la finestra (창문을 닫다)
3. aspettare un momento (잠시 기다리다)
4. parlare più piano (더 천천히 말하다)
5. capire la lingua italiana (이탈리아어를 이해하다)

문화 한마디

프로 축구

이탈리아 프로 축구의 열기는 유럽에서도 단연 최고라 할 수 있습니다. 축구를 위해서라면 생계를 희생할 정도라니까요. 세계적인 선수들이 가장 많이 진출해 있는 곳이 바로 이탈리아구요, 팬들도 대부분 전문가급의 수준높은 지식을 가지고 있습니다. 매주 발행되는 축구 복권도 사람들에게 높은 인기를 누리고 있답니다.

그림으로 단어 공부하기 5

LE ABITAZIONI E GLI AMBIENTI

주거와 환경

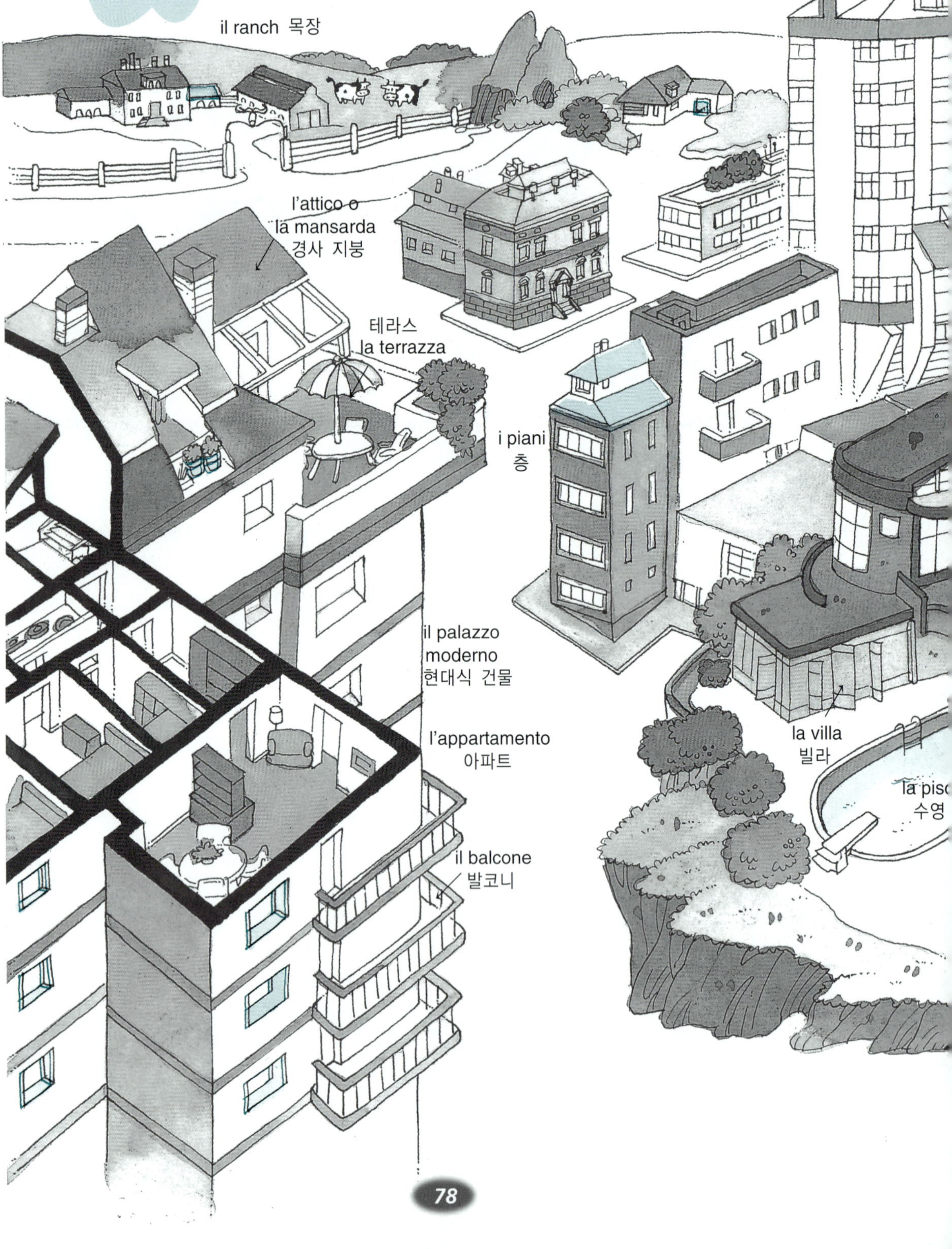

il sole

le nuvole

le stelle

la luna

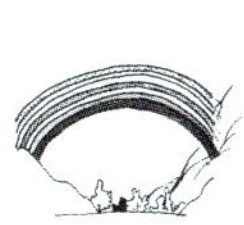
l'arcobaleno

la cascata

il mare

il lago

l'isola

la neve

la pioggia

il vento

보르레이 운 빌리엣또 뻬르 나폴리

25 venticinque | Vorrei un biglietto per Napoli, per favore!

뻬르 화보레

나폴리행 기차표 한 장 주세요!

기본회화

잉그리드 보르레이 운 빌리엣또 뻬르 나폴리 뻬르 화보레
Ingrid : **Vorrei un biglietto per Napoli, per favore!**

빌리엣떼리아 솔로 안다따 오 안다따 에 리또르노
Biglietteria : Solo andata o andata e ritorno?

잉그리드 안다따 에 리또르노 꾸안떼
Ingrid : Andata e ritorno. Quant'é?

빌리엣떼리아 뜨렌따 꾸아뜨로 밀라 친꿰 첸또 리레
Biglietteria : 34.500(trentaquattromilacinquecento)lire.

해설

- vorrei ~!는 volere의 조건법 형태로서 예의를 갖출 때 사용합니다. 즉 '~ 주세요!' 가 되겠죠. Vorrei un Marlboro light, per favore? 말보로 라이트 한 갑 주세요.
- andata e ritorno는 '왕복' 이라는 의미인데, 동사 andare(가다)와 ritornare(돌아오다)의 명사형입니다.
- quant'è? = quanto è? = quanto costa? = quanto viene?(얼마죠?)

[새단어]

- **biglietteria** 매표소
- **solo andata** 편도
- **andata e ritorno** 왕복
- **quant'é?** 얼마입니까?
- **lire** 이탈리아 화폐 단위로 lira의 복수 형태
- **vorrei** 원하다(volere의 조건법 1인칭 단수)
- **un biglietto** 표 한 장
- **per Napoli** 나폴리행
- **per favore** please

회화연습

문형연습

1. 나폴리행 기차표 한 장 주세요! 편도입니까 아니면 왕복입니까?

   1) Roma　2) Venezia　3) Milano　4) Firenze

2. 왕복으로 주세요. 얼마죠? 34.500리라 입니다.

   1) 편도로, 17.200리라　2) 왕복으로, 29.400리라

단어이야기

1. I numeri(숫자들)

- trenta (30)
- quaranta (40)
- cinquanta (50)
- sessanta (60)
- settanta (70)
- ottanta (80)
- novanta (90)
- cento (100)
- duecento (200)
- trecento (300)
- quattrocentocinquanta (450)
- settecentottanta (780)
- novecento (900)
- mille (1000)
- millecinquecento (1500)
- duemila (2000)

⋮

2. 우리는 34,500원이라 씁니다. 그러나 그들은 쉼표 대신 마침표를 찍어요, 반면 2.45를 그들은 2,45(due virgola quattro cinque)라고 씁니다.

26 ventisei | 수꾸지 다 꾸알레 비나리오 빠르떼 일 뜨레노 뻬르 나폴리
Scusi, da quale binario parte il treno per Napoli?

미안합니다만, 나폴리행 기차는 몇 번 홈에서 출발하나요?

기본회화

잉그리드 수꾸지 다 꾸알레 비나리오 빠르떼 일 뜨레노 뻬르 나폴리
Ingrid : **Scusi, da quale binario parte il treno per Napoli?**

빌리엣떼리아 달 비나리오 누메로 두에
Biglietteria : Dal binario numero 2.

해설

- da quale + 명사 : 어떤 '명사' 로부터
- scusi는 scusare 의 Lei에 대한 존칭입니다.

단어이야기

I numeri(숫자들)

- tremila (3000)
- diecimila (10.000)
- ventimila (20.000)
- venticinquemila (25.000)
- cinquantamila (50.000)
- centomila (100.000)
- duecentomila (200.000)
- un milione (1.000.000)
- due milioni (2.000.000)
- tre milioni (3.000.000)
- ⋮

[새단어]

- **scusi** I'm sorry(존칭)
- **da** ~로부터(전치사, 영어의 from)
- **binario** 플랫폼, 선로
- **il treno** 기차
- **numero** 번호, 수
- **da quale binario** 어떤 홈에서
- **quale** 어느, 어떤
- **parte** 떠나다, 출발하다 (partire의 3인칭 단수)
- **dal** da+il (전치사관사)

회화연습

문형연습

미안합니다만, 나폴리행 기차는 몇 번 홈에서 출발하나요? 2번 홈입니다.

1) Roma,1번 홈　　　2) Milano, 4번 홈

잠깐쉬어요!

- ARRIVO : 도착
- PARTENZA : 출발
- BINARIO : 플랫폼
- TRENI : 기차 종류

일단 역에 들어가면 사진과 같은 시간표들이 천정에 붙어 있는 것을 볼 수 있습니다. 여러분이 Roma행 기차표를 샀다면 먼저 「TRENI IN PARTENZA(출발 기차)」를 보고 시간과 플랫폼(Binario)을 확인한 후 그곳으로 가면 됩니다. 반대로, 누군가를 마중하러 간다면 「TRENI IN ARRIVO(도착 기차)」를 확인한 후 플랫폼에 가서 기다리면 됩니다. 간혹 출발, 도착 홈이 바뀌는 경우가 있으니 주의하세요.

밀라노 중앙역 출발, 도착 시간표

27 ventisette | Quanto costa il volo da Roma a Seoul?

꾸안또 꼬스따 일 볼로 다 로마 아 쎄울

로마-서울간 비행기 요금이 얼마죠?

기본회화

마리오 꾸안또 꼬스따 일 볼로 다 로마 아 쎄울
Mario : **Quanto costa il volo da Roma a Seoul?**

아젠찌아 디 비아쥐 꼬스따 두에밀리오니 친퀘첸또밀라 리레
Agenzia di viaggi : Costa 2.500.000 lire.

해설

Quanto	**costa**	il biglietto per Napoli?	**Costa** 23.800 lire
	costano	due biglietti per Parigi?	**Costano** 230.000 lire

■ 주어인 il biglietto가 단수이므로 costa, 반면 due biglietti는 복수라서 3인칭 복수 활용형 costano.

[새단어]

· **agenzia di viaggi** 여행사
· **quanto costa~?** 얼마입니까?
· **quanto** how much
· **costa** costare(cost)의 3인칭 단수, 3인칭 복수는 costano.
· **il volo** 비행기(편)
· **da~a~** from~to~

회화연습

문형연습

<u>로마 – 서울간</u> 항공편은 얼마입니까? <u>2.5000.000</u>리라입니다.

1) Roma - Barcellona, 300.000 lire
2) Roma - Londra, 450.000 lire
3) Roma - Budapest, 500.000 lire
4) Roma - Stoccolma, 600.000 lire

단어이야기

1. I numeri(숫자들)

다음 숫자를 읽어보세요. 읽는 방법은 영어의 그것과 동일합니다.

- 25.000
- 23
- 15
- 543.000
- 582
- 69
- 897.000
- 2.546
- 12.420

2. 큰 수를 읽어 보세요.

26.593.585 lire

↑ milioni ↑ mila

소숫점 읽기만 되면 나머지는 26 / 593 / 585만 읽을 줄 알면 되는 것입니다. 26부터 읽고 milioni, 593읽고 mila 그리고 585를 읽으면 큰 숫자라도 어렵지 않죠.

문화한마디

I biglietti
티켓들

기차표

· Verona발 Milano행 Inter City 기차
· 거리 148km
· 2등석(Classe 2)
· 성인표(01 Adulti)
· 가격 12500리라(Prezzo Lit. ＊＊＊12500＊＊＊)

시간을 확인하고 표를 산 다음에는 출발/도착 시간표에 나와 있는 Binario(플랫폼)을 찾아 갑니다. 플랫폼마다 노란 통이 설치돼 있는데 여기에다 티켓의 양 옆에 CONVALIDA라고 씌어진 화살표 부분을 넣어서 탑승일자와 시간이 찍히도록 해야 합니다. 안 그러면 기차 안에서 검표 받을 때 벌금을 무는 등 불이익을 당할 수 있으니 조심하셔야겠죠?

베로나 시내버스표
1600리라(60분 유효)

로마 시내버스표
1500리라(75분 유효)

밀라노 시내버스표
1500리라(60분 유효)

참고로, 로마에서는 버스표와 지하철표를 함께 씁니다.

문화한마디

Il calendario (달력)

Ottobre 2001

1	domenica	*s. Teresa di Gesú B.*
2	lunedi	*ss. Angeli Custodi*
3	martedi	*s. Gerardo*
4	mercoledi	*s. Francesco D'A*
5	giovedi	*s. Flora*
6	venerdi	*s. Bruno abate*
7	sabato	*N.S. del Rosario*
8	domenica	*s. Benedetta*
9	lunedi	*s. Abramo*
10	martedi	*s. Daniele*
11	mercoledi	*s. Emmanuela*
12	giovedi	*s. Serafino*
13	venerdi	*s. Edoardo*
14	sabato	*s. Callisto*
15	domenica	*s. Teresa d'A*
16	lunedi	*s. Margherita*
17	martedi	*s. Ignazio d'A*
18	mercoledi	*s. Luca ev.*
19	giovedi	*s. Luca ev.*
20	venerdi	*s. Adelina*
21	sabato	*s. Orsola*
22	domenica	*s. Donato*
23	lunedi	*s. Givanni da C.*
24	martedi	*s. Claudiano*
25	mercoledi	*s. Daria*
26	giovedi	*s. Evaristo*
27	venridi	*s. Delia*
28	sabato	*s. Simone*
29	domenica	*s. Ferruccio*
30	lunedi	*s. Germano*
31	martedi	*s. Lucilla*

☞ 요일 밑에 있는 사람들의 이름은 카톨릭에서 정한 성인들의 이름입니다.

28 ventotto | Ciao, Mario... Sei stato in vacanza?

챠오 마리오 쎄이 스따또 인 봐깐짜

안녕, 마리오 … 휴가 갔다왔니?

기본회화

프랑까 챠오 마리오 쎄이 스따또 인 봐깐짜
Franca : **Ciao, Mario... Sei stato in vacanza?**

마리오 씨 쏘노 또르나또 두에 지오르니 화
Mario : Sì, sono tornato due giorni fa.

프랑까 쎄이 안다또 앙께 퀘스딴노 아 쎄울
Franca : Sei andato anche quest'anno a Seoul?

마리오 노 이오쏘노 안다또 알리솔라 디 제주
Mario : No, io sono andato all'Isola di Jeju.

해설

- sei stato, sono tornato, sei andato 등의 형태를 직설법 근과거라고 합니다. 근과거는 최근에 발생한 사건을 표현할 때 사용하는 시제로서 두가지 형태가 존재합니다.
  1) essere + 과거분사(자동사) 〈단, 주어의 성 · 수에 과거분사 어미 일치〉
  2) avere + 과거분사(타동사)

- 규칙 과거분사 만드는법

원형	-are	-ere	-ire
과거분사	-ato	-uto	-ito

그러나 영어와 같이 불규칙 과거분사도 있음에 유의하세요!!

[새단어]

- **Sei stato ~?** 너 ~에 갔다왔니?
- **sono tornato** 난 돌아왔어
- **sei andato ~?** 너 ~에 갔었니?
- **anche** 역시
- **isola** 섬
- **stato** stare의 과거분사
- **tornato** tornare의 과거분사
- **andato** andare의 과거분사
- **quest'anno** 금년

회화연습

문형연습

안녕, 마리오… 휴가 갔다왔니? 응, 이틀 전에 돌아왔어.

1) 루치아, 어제(ieri)
2) 쥬셉뻬, 5일 전(cinque giorni fa)
3) 싼드로, 일주일 전(una settimana fa)

학습포인트

1. 「essere + 과거분사」경우 주어의 성 · 수에 따라 과거분사 어미 일치.

1. Ciao, Bruno... Sei stato in vacanza?
   Ciao, Lucia... Sei stata in vacanza?
2. Sei andato a Seoul? 이 문장의 주어는 남성이라는 것을 알 수 있습니다.

2. 다음 타동사 원형을 과거분사 형태로 하여 근과거 문장을 완성하세요.

1. Ho ___________ (passare, 보내다) le vacanze al mare.
2. Hai ___________ (frequentare, 다니다) un corso di tedesco?
3. Ha ___________ (cambiare, 바꾸다) casa.
4. Abbiamo ___________ (lavorare, 일하다) in banca.
5. Avete ___________ (viaggiare, 여행하다) per l'Europa?
6. Hanno ___________ (visitare, 방문하다) la Corea.

29 | Ciao, quando sei tornato dalle vacanze?

ventinove

(챠오 꾸안도 쎄이 또르나또 달레 봐깐쩨)

안녕, 넌 언제 휴가에서 돌아왔니?

기본회화

씰비아 챠오 꾸안도 쎄이 또르나또 달레 봐깐쩨
Silvia : Ciao, quando sei tornato dalle vacanze?

로베르뜨 쏘노 아리바또 뽀끼 미누띠 화
Robert : Sono arrivato pochi minuti fa.

씰비아 도베 쎄이 스따또
Silvia : Dove sei stato?

로베르뜨 오 뷔아지아또 뻬르 리딸리아 아뎃쏘 띠 라꼰또
Robert : Ho viaggiato per l'Italia. Adesso ti racconto...

해설

- sei tornato, sono arrivato, sei stato 모두 주어가 Robert(남자)이므로 과거분사 어미는 -o입니다.
- Ho viaggiato per l'Italia에서는 avere + *p.p.*입니다. 그러니 *p.p.*의 어미와 주어의 성 · 수를 일치시키지 않아도 됩니다.

[동사활용] cambiare(바꾸다)를 근과거로 만들어 쓰임새를 연구해 보죠.

Ho cambiato	treno	기차를 (바꿔탔다)
	casa	집을 (이사했다)
	il vestito	옷을 (바꿔입었다)
	i soldi	돈을 (환전했다)
	un assegno	수표를 (바꿨다)
	strada	길을 (다른 길을 택했다)
	vita	삶, 인생을 (삶의 형태를 바꿨다)
	idea	생각을 (바꿨다)

[새단어]

- **dalle vacanze** 휴가에서
- **arrivato** arrivare(도착하다)의 과거분사
- **Dove** 어디
- **viaggiato** viaggiare(여행하다)의 과거분사
- **ti** 네게
- **sono arrivato** 난 도착했다
- **pochi minuti fa** 몇 분 전에
- **Ho vaggiato** 난 여행했다
- **adesso** 지금
- **racconto** 이야기하다 (raccontare의 1인칭 단수)

회화연습

문형연습

너 어디 갔었니? 이탈리아를 여행했어. 지금 네게 이야기해 줄게.

1) 프랑스(la Francia)
2) 독일(la Germania)
3) 스페인(la Spagna)
4) 한국(la Corea)
5) 일본(il Giappone)

학습포인트

1. 자동사, 타동사를 구분하는 방법은 목적어가 있나 없나를 보면 됩니다. 예컨대, 'Sono andato in montagna' 에서 in montagna는 보어일 뿐입니다. 반면, 'Ho cambiato casa' 에서 casa는 목적어입니다. 그러므로 cambiare를 근과거로 만들 경우, avere 동사를 써야겠죠.

2. 다음 자동사 원형을 과거분사 형태로 하여 근과거 문장을 완성하세요.

1. (男) Sono __________ (andare, 가다) in montagna.
2. (女) Sono __________ (tornare, 돌아오다) a Perugia.
3. (女+女) Siamo __________ (stare, 있다 / 존재하다) a Madrid.
4. (男+女) Siamo __________ (andare) in Sicilia.
5. (男) Sono __________ (rimanere, 머물다: 과거분사 rimasto) in città.

※ rimanere 의 과거분사 rimasto를 우리는 불규칙 형태라 부릅니다. 뒤에 계속 다룰 겁니다.

그림으로 단어 공부하기 6

LA CITTÀ 도시

la stazione
ferroviaria
기차역
il treno
기차
il parcheggio
주차장
la fermata
dell'autobus
버스정류장
la strada
도로
il sottopassaggio
지하도
la cupola
돔
il teatro
극장
il segnale
stradale
중앙분리선
l'ultimo piano
맨윗층
il giardino
pensile
공중정원
il secondo piano
3층
l'isola
pedonale
le strisce
pedonali
횡단보도
i grandi
magazzini
백화점
il primo piano
2층
la scuola
학교
도로가 넓어 행인이 건
너기 힘들 경우 중간에
설치한 일종의 '섬'
il pianterreno
1층

꼐 꼬사 아이 뷔시따또
30 trenta | Che cosa hai visitato
아 베네찌아
a Venezia?

베네치아에서 어디를 방문했니?

기본회화

엔리꼬 꼐 꼬사 아이 뷔시따또 아 베네찌아
Enrico : **Che cosa hai visitato a Venezia?**

로베르뜨 오 뷔시따또 삐앗짜 싼 마르꼬
Rebert : Ho visitato Piazza San Marco,

일 빨랏쪼 두깔레 에 일 뽄떼 데이 쏘스삐리
il Palazzo Ducale e il Ponte dei Sospiri.

해설

■ visitare 동사는 목적어를 필요로 하는 타동사이므로 avere동사를 사용했습니다.

[동사활용] **타동사 passare(보내다)를 연구하실까요?**

<table>
<tr><td rowspan="5">Ho passato
(보냈다)</td><td colspan="3">la serata a casa (집에서 저녁 한때를)</td></tr>
<tr><td colspan="3">le vacanze al mare (바닷가에서 휴가를)</td></tr>
<tr><td>il tempo libero (여가 시간을)
molte ore (많은 시간을)</td><td>a</td><td>leggere (독서로)
studiare (공부로)</td></tr>
<tr><td colspan="3">il fine - settimana in campagna (시골서 주말을)
un brutto momento (고통스런 시기를)</td></tr>
</table>

[새단어]

- **che cosa** 무엇 (여기서는 '어디')
- **visitato** visitare (방문하다)의 과거분사
- **Piazza San Marco** 성 마르꼬 광장
- **Palazzo Ducale** 두깔레 궁전
- **Ponte dei Sospiri** 한숨의 다리
- **Ponte** 다리
- **Sospiri** 한숨, 탄식

회화연습

문형연습

베네치아에서 넌 뭘 방문했니? 성 마르꼬 성당을 방문했어.

1) 피렌체, 우핏찌 미술관(la Galleria degli Uffizi)
2) 로마, 콜로세움(il Colosseo) / 스페인광장(Piazza di Spagna) / 바티칸(il Vaticano)
3) 서울, 경복궁(il Palazzo Kyeongbok) / 덕수궁(il Palazzo Deoksu) / 민속촌(il Villaggio Folcloristico)

Ponte di Sospiri

학습포인트

불규칙 과거분사를 갖는 타동사만 모았습니다. 근과거 문장을 완성해 보세요.

1. (io) __Ho__ _______ (decidere 결정하다; deciso) di cambiare casa.
2. (tu) _______ _______ (fare 하다; fatto) molte cose?
3. (lui) _______ _______ (prendere 타다; preso) l'autobus.
4. (noi) _______ _______ (mettere 맡기다; messo) i soldi in banca.
5. (voi) _______ _______ (scrivere 쓰다; scritto) una lettera?
6. (loro) _______ _______ (bere 마시다; bevuto) troppo.

도베 에 안다또 로베르뜨 인 봐깐짜

31 trentuno | Dove è andato Robert in vacanza?

로베르뜨는 휴가 때 어딜 갔었니?

기본회화

프랑까 도베 에 안다또 로베르뜨 인 봐깐짜
Franca : **Dove è andato Robert in vacanza?**

씰비아 에 안다또 아 로마
Silvia : È andato a Roma.

프랑까 께 꼬사 아 퐛또 디 벨로 두란떼 레 봐깐쩨
Franca : Che cosa ha fatto di bello durante le vacanze?

씰비아 아 뷔지따또 일 꼴롯쎄오 삐앗짜 디 스빠냐 에 일 봐띠까노
Silvia : Ha visitato il Colosseo, Piazza di Spagna e il Vaticano.

해설

■ Che cosa ha fatto di bello~?를 직역하면 '그는 재미있는 무엇을 했는가?' 인데, 의역하면 '재미있게 지냈어?' 입니다. 그럼 'Che cosa hai di bello?' 는 무슨 의미일까요? '요즘 재미있어?' 라고 볼 수 있어요.

[동사활용]

(io) Sono arrivato/a in Italia	poco(조금) pochi minuti(몇 분) un'ora(한 시간)	fa(前)
(tu) Sei arrivato/a (lui) È arrivato (lei) È arrivata	ieri(어제) l'altro ieri(그저께) tre giorni fa(3일전)	
	una settimana(일주일) due mesi(두 달) tre anni(3년)	fa(前)

[새단어]

· **fatto** fare의 *p.p.*　· **di bello** 재미있는　· **durante** ~동안

회화연습

문형연습

로베르뜨는 휴가때 어딜 갔었니? 그는 로마에 갔었어.

1) 너는(男), 나는	2) 그녀는, 그녀는
3) 너희들은(女+女), 우리들은	4) 그는, 그는

학습포인트

불규칙 과거분사를 갖는 타동사와 자동사를 근과거로 만들어 보세요.

1. (io) ___Ho___ ________(aprire 열다; aperto) un conto in banca.
2. (tu) ________ ________(dire 말하다; detto) la verità?
3. (lui) ________ ________(chiedere 묻다; chiesto) una cosa.
4. (noi) ________ ________(spendere 소비하다; speso) molto.
5. (voi) ________ ________(chiudere 닫다, 가두다; chiuso) il cane in cucina.
6. (loro) ________ ________(accendere 켜다; acceso) il televisore?
7. (io; 男) ___Sono___ ________(giungere 당도하다; giunto) a casa.
8. (lei) ________ ________(nascere 태어나다; nato) a Roma.
9. (lui) ________ ________(vivere 살다; vissuto) due anni a Seoul.
10. (loro; 男+男) ________ ________(morire 죽다; morto) in guerra.

그림으로 단어 공부하기 7

TEMPO D'ESTATE

여름철

coltare
musica
감상하다
leggere
독서하다
fare la ginnastica
운동하다
dipingere
그림그리다
pedalare
하이킹하다
suonare uno strumento
악기를 연주하다
remare
노를 젓다
prendere il sole
일광욕하다
nuotare
수영하다
pescare
낚시하다
passeggiare
산보하다
fare il picnic
피크닉하다
cercare funghi
버섯따다

꼰 끼 치 에 안다또 로베르뜨

32 | Con chi ci è andato Robert?

trentadue

로베르뜨는 누구랑 거기에 갔었대?

기본회화

프랑까 꼰 끼 치 에 안다또 로베르뜨
Franca : **Con chi ci è andato Robert?**

씰비아 꼰 이 수오이 아미치
Silvia : Con i suoi amici.

프랑까 꼰 끼 에 안다또 아 베니찌아
Franca : Con chi è andato a Venezia?

씰비아 치 에 안다또 다 쏠로
Silvia : Ci è andato da solo.

해설

- 장소부사 ci는 동사 앞에 오면서 앞에 나온 장소를 받아 문장을 간결하게 하는 역할을 합니다.

- da ┌ solo 혼자(男)
  sola 혼자(女)
  soli 남자들끼리만(男+男), 남여들끼리만(男+女),
  └ sole 여자들끼리만(女+女)

[동사활용] '~하러 갔다'를 표현하려면 어떻게 해야 할까요?

Sono andato	**a** trovare **만나러**	Sandro (**싼드로를**) un amico (**한 남자 친구를**) i miei genitori (**나의 부모님들을**) una vecchia amica (**옛 여자 친구를**)

[새단어]

- **con chi** 누구랑
- **ci** 거기에(장소 부사)
- **i suoi amici** 그의 친구들
- **da solo** 혼자(男)

회화연습

문형연습

너는 베네치아에 누구랑 갔었니? 혼자 갔었어?

1) 그는, 혼자　　　　2) 그녀는, 혼자
3) 너는(男), 옛 여자 친구랑　　　　4) 너는(男), 싼드로랑

잠깐쉬어요!

이탈리아인들은 휴가를 아드리아틱 해변, 섬, 특색있는 전원, 산 등에서 보내는데, 일반적으로 7월 말에서 8월말 기간 중에 이루어집니다. 어찌 보면 휴가를 즐기기 위해 1년을 일한다고 할 수 있듯이 휴가에 대한 애정은 우리가 추석과 설을 중시하는 것만큼 대단합니다. FIAT 자동차 회사는 휴가 한달간 문을 닫을 정도니 알만 하시죠?

33 trentatre | Con che cosa ci è andato Robert?

꼰 께 꼬사 치 에 안다또 로베르뜨

로베르뜨는 뭘 타고 거기 갔었대?

기본회화

프랑까 꼰 께 꼬사 치 에 안다또 로베르뜨
Franca : **Con che cosa ci è andato Robert?**

씰비아 인 뜨레노
Silvia : In treno.

해설

- con che cosa는 교통 수단을 의미합니다.

단어이야기

교통수단을 공부하실까요?

- in aereo (비행기로)
- in pullman (관광버스로, 노선버스로)
- in macchina (승용차로)
- in motorino (스쿠터로)
- in metro (전철로)
- in bicicletta (자전거로)
- in moto (오토바이로)
- in nave (배로)

[새단어]

- **con che cosa** 무엇으로, 다시 말해 '뭘 타고'.
- **ci** 거기에(장소부사)
- **in treno** 기차로

회화연습

문형연습

<u>로베르뜨는</u> 뭘 타고 거기 갔었대? <u>기차로.</u>

1) Lucia, 비행기로
2) Marco, 전철로
3) Lucia e Marco, 관광버스로
4) Marco e Lino, 자전거로

잠깐쉬어요!

이탈리아 기차는 도시를 오가는 인터시티와 지방의 작은 역도 정차하는 로깔레로 나뉩니다. 밀라노, 피렌체, 로마역 만을 정차하는 빤돌리노 고속 열차도 있어 비즈니스 맨들이 애용하죠.
열차 구조는 복도식, 전방식, 양방식, 이층식 등 실로 다양하여 승객들을 즐겁게 합니다. 1등칸, 2등칸이 기관차에 모두 연결되어 있어 선택하여 탑승할 수 있고, 기차가 달리는 중에 검표원은 검표를 합니다. 이때 무임승차 승객은 범칙금을 내야 합니다.

꾸안또 뗌뽀 에 스따또 인 봐깐짜

34 | Quanto tempo è stato in vacanza?

trentaquattro

그는 휴가지에서 얼마 동안 있었니?

기본회화

프랑까 꾸안또 뗌뽀 에 스따또 인 봐깐짜
Franca : **Quanto tempo è stato in vacanza?**

씰비아 쎄디치 지오르니
Silvia : Sedici giorni.

해설

■ è stato의 주어가 남성단수임을 알게 해주는 단서는 stato의 어미 -o 입니다. 만약 주어가 여성단수였다면 è stata였겠죠.

단어이야기

시간의 표현들을 익혀둡시다.

- pochi minuni 몇 분
- un'ora 한 시간
- due ore 두 시간
- una settimana 1주일
- due settimane 2주일
- un mese 한 달
- due mesi 두 달
- alcuni mesi 몇 달
- un anno 일 년
- due anni 2년
- due giorni 이틀
- alcuni giorni 며칠

[새단어]

- **quanto tempo** 얼마나 오랫동안, 얼마간
- **quanto** 얼마나 많은(의문형용사)
- **tempo** 시간, 기간
- **stato** 있었다(stare의 과거분사)
- **sedici** 16
- **giorni** 일(日)(giorno의 복수)

회화연습

문형연습

그는 휴가지에서 얼마 동안 있었니? 16일.

1) 그녀는, 1주일
2) 그들은(男 + 男), 한 달
3) 그들은(女 + 女), 며칠
4) 그들은(男 + 女), 5일
5) 너는(女), 2주일

잠깐쉬어요!

유로스타는 유럽의 주요 도시를 운행하는, 이탈리아의 TGV(떼제베)라 생각하면 됩니다. 이 밖에도 이탈리아 주요 도시를 운행하는 "Inter City", 주요 지방 소도시에도 정차하는 "IR", 역마다 정차하는 "R"이 있습니다. 그러니까 밀라노에서 피렌체로 가려면 Inter City를 타면 됩니다. 2등석으로 타면 경비도 절감됩니다. 참고로, Inter City로 Verona에서 Milano까지(148km) 2등석이 12500리라(6250원)입니다.

- ES(EURO STAR) : 가장 빠른 특급 열차
- IC(INTER CITY) : 몇몇 역에 정차하는 준특급 열차
- DIR(DIRETTO) : 많은 역을 정차하는 열차
- LOCALE : 모든 역을 정차하는 열차

유로스타(Euro Star)

마 께 꼬사 아이 홧또

35 | Ma che cosa hai fatto stamattina?

trentacinque

스따맛띠나

너 오늘 아침에 무슨 일 있었니?

기본회화

잉그리드 마 께 꼬사 아이 홧또 스따맛띠나

Ingrid : **Ma che cosa hai fatto stamattina?**

아이 우나 홧치아

Hai una faccia ...

로베르뜨 쏘노 스땅꼬 모르또

Robert : Sono stanco morto.

잉그리드 논 아이 도르미또 베네 스따놋떼

Ingrid : Non hai dormito bene stanotte?

로베르뜨 베라멘떼 논 오 끼우소 옥끼오 뚜따 라 놋떼

Robert : Veramente non ho chiuso occhio tutta la notte.

해설

- che cosa hai fatto~? 직역은 '너 뭐했니?' 이나 여기서는 '무슨 일 있니?' 입니다.
- Hai una faccia ... '넌 얼굴을 갖고 있다 …', 즉 '안색이 안 좋구나'.
- Sono stanco morto 피곤해 죽겠다.
- stanotte 직역은 '오늘밤' 이나 하루의 시작을 자정으로 보는 그들에겐 '지난 밤' 입니다.
- veramente는 부사형인데 형용사 ver(o) + amente로 만들어집니다.
- non ho chiuso occhio~ '난 눈을 닫지 못했다'. 즉 우리말로는 '한숨도 못 잤다' 입니다.

[새단어]

- **ma** 그런데, 그러나
- **fatto** 했다(fare의 불규칙 *p.p.*)
- **stamattina** 오늘 아침
- **una faccia** 얼굴, 안색
- **stanco** 피곤한
- **morto** 죽었다(morire의 불규칙 *p.p.*)
- **dormito** 잤다(dormire의 *p.p.*)
- **stanotte** 지난 밤, 간밤
- **veramente** 정말로
- **chiuso** 닫았다(chiudere의 불규칙 *p.p.*)
- **occhio** 눈(目)
- **tutta la notte** 밤새

회화연습

문형연습

무슨 일 있었니? 피곤해 죽겠어. 밤새 잠을 못 잤거든.

1) 밤새 공부했거든.
2) 저녁 내내 춤을 추었거든.
3) 하루 종일 청소했거든.
4) 오전 내내 일했거든.

단어이야기

· studiare 공부하다 → avere studiato 공부를 했다
· danzare 춤을 추다 → avere danzato 춤을 추었다
· pulire 청소하다 → avere pulito 청소를 했다
· lavorare 일하다 → avere lavorato 일을 하였다
· tutto il giorno 하루 종일
· tutta la mattina 오전 내내
· tutta la sera 저녁 내내

문화한마디

슈퍼마켓

매장 시스템은 우리와 다를 것이 없습니다. Coop, Esselunga 등의 회사들은 전국적인 체인점을 확보하고 있죠. 가격은 우리보다 저렴하여 생활비 절약에 많은 도움을 줍니다. 예로 물 한 병에 400원 정도.
대형 슈퍼마켓 외에도 이탈리아인들은 시장을 많이 이용하는데요, 넓은 광장에 많은 가판대와 상점이 줄지어 있습니다. 대개 야채, 과일, 고기, 생선, 기타 생필품 등을 파는 모습을 볼 수 있습니다. 이런 시장에서는 적당하게 흥정을 할 수도 있어 쇼핑의 묘미를 더해 준답니다. 하지만 일반 상점에서 가격을 깎으려 하는 건 실례겠죠?

36 trentasei | Scusa, ma che cosa è successo?

스꾸사 마 께 꼬사 에 숫쳇쏘

미안한데, 무슨 일이야?

기본회화

로베르뜨 수꾸사 마 께 꼬사 에 숫쳇쏘
Robert : **Scusa, ma che cosa è successo?**

마리오 체 스따또 운 인치덴떼 우나 막끼나 에 빳싸따 꼰 일
Mario : C'è stato un incidente: una macchina è passata con il

쎄마포로 롯쏘 에드 에 안다따 꼰뜨로 운 아우또부스
semaforo rosso ed è andata contro un autobus...

해설

- che cosa è successo? '무엇이 발생했니?' 인데, 의역하면 '무슨 일 있었니?' 입니다.
- c'è stato~ '~이 있었다' 로써 ci è stato(stare의 *p.p.*)의 결합형. *cf.*) c'è ~ '~이 있다.'
- una macchina è passata con il semaforo ~
  자동차 한 대가 신호등이 빨간불임에도 진행했다~
- è andata contro un autobus ...
  '버스를 향해 갔다' 즉, 버스와 충돌했다.

[동사활용] 자동사의 근과거 만들기

주어(男)	è	successo
	c'è	stato
주어(女)	è	passata
	è	andata

[새단어]

- **scusa** 미안해(scusare동사의 Tu에 대한 명령형)
- **successo** 발생했다(succedere의 *p.p.*)
- **una macchina** 자동차, 승용차
- **il semaforo** 신호등
- **contro** ~방향으로, ~와 정면으로
- **ma** 그런데, 그러나
- **un incidente** 사건,사고
- **è passata** 지나갔다, 진행했다
- **ed** 그리고

회화연습

문형연습

사고가 났어. 승용차 한 대가 신호를 무시하고 달렸어.

1) 버스 한 대
2) 오토바이 한 대
3) 트럭 한 대(un camion)
4) 관광버스 한 대(un pullman)

단어이야기

1. 이야기를 전개할 때 필요한 표현들입니다.

- prima, all'inizio 처음엔
- allora 그때(당시), 자 그렇다면, 그러면, 그래서, 그러니까
- poi 후에, 뒤에, 다음으로
- dopo un po' 잠시 후
- E così 그래서, 그렇게 해서
- alla fine 결국

2. 반대 의미의 동사들끼리 연결하세요.

• aprire •	• finire
• cominciare •	• restare
• entrare •	• chiudere
• partire •	• uscire
• accendere •	• spegnere

반드시 알고 넘어가야 하는 페이지 — 근과거, 단수·복수 어미

1. 근과거

avere의 현재 + 타동사의 과거분사
essere의 현재 + 자동사의 과거분사 (단, 주어의 성·수에 따라 과거분사 어미 일치)

- **과거분사(규칙형)**
  ~are 동사 → ~ato
  ~ere 동사 → ~uto
  ~ire 동사 → ~ito

(io)	ho	
(tu)	hai	
(lui, lei)	ha	
(noi)	abbiamo	________o
(voi)	avete	
(loro)	hanno	

(io) (tu) (lui, lei)	sono sei è	________o/a
(noi) (voi) (loro)	siamo siete sono	________i/e

- **과거분사(불규칙)**

accendere (켜다) → acceso
chiudere (닫다) → chiuso
perdere (잃어버리다) → perso
prendere (먹다, 마시다, 타다) → preso
spendere (소비하다, 쓰다) → speso
mettere (두다, 맡기다, 쓰다) → messo
correggere (수정하다) → corretto
dire (말하다) → detto
aprire (열다) → aperto
fare (하다) → fatto
leggere (읽다) → letto
scrivere (쓰다) → scritto
chiedere (묻다) → chiesto
rimanere (남다, 머물다) → rimasto
rispondere (대답하다, 답장하다) → risposto
vedere (보다) → visto
spegnere (끄다) → spento

2. 명사와 형용사의 단수 · 복수 어미

	단수(s.)	복수(pl.)
남성(m.)	-o → -e →	-i -i
여성(f.)	-a → -e →	-e -i

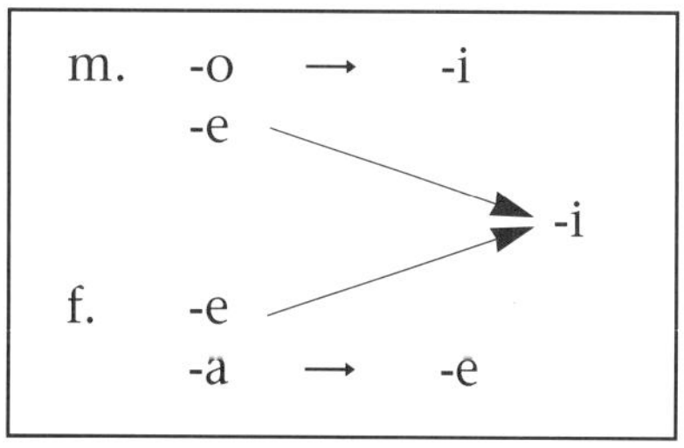

위의 규칙을 아래와 같은 도식으로 공식화할 수 있습니다.

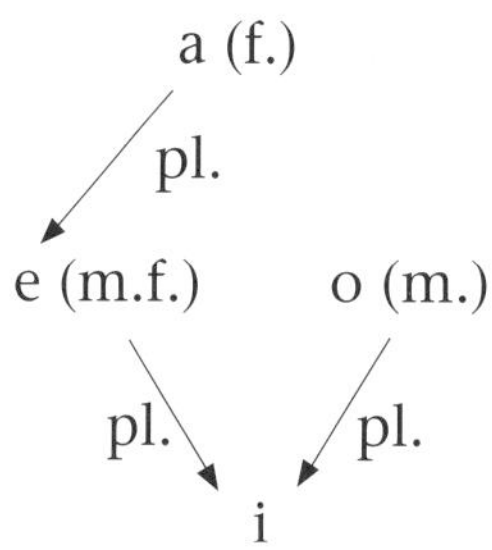

(CHOI's Theory)

물론 예외도 있습니다.

il problema	→	i problemi
il sistema	→	i sistemi
il tema	→	i temi
il pigiama	→	i pigiami
il/la dentista	→	i/le dentisti
il/la giornalista	→	i/le giornalisti

잠깐쉬어요!

전차(Tram)

도로에 선로가 설치되어 있어 추억의 전차가 골목골목을 누비고 다닙니다. 무척 위험할 것 같지만 교통 질서는 비교적 잘 지켜지고 있습니다. 간혹 승용차들이 전차 옆구리를 들이받기도 합니다만 …
전차와 지하철 그리고 버스를 이용한다면 밀라노 시내 어디라도 불편없이 갈 수 있죠.

밀라노 Duomo 광장을 지나는 전차(Tram)

께 쁘로젯띠 아이

37 trentasette | Che progetti hai?

넌 어떤 계획을 갖고 있니?

기본회화

로베르뜨 께 쁘로젯띠 아이 마리오
Robert : **Che progetti hai, Mario?**

마리오 빠르띠로 뻬르 라 프란치아
Mario : Partirò per la Francia.

해설

■ Che progetti 어떤 계획들. che는 의문형용사입니다.

[동사활용] 미래규칙활용을 알아볼까요?

	-are	-ere	-ire
(io)	telefonerò	leggerò	partirò
(tu)	telefonerai	leggerai	partirai
(lui, lei)	telefonerà	leggerà	partirà
(noi)	telefoneremo	leggeremo	partiremo
(voi)	telefonerete	leggerete	partirete
(loro)	telefoneranno	leggeranno	partiranno

☞ 118쪽 참조.

[새단어]

· **progetti** 계획들
· **partirò** 나는 떠날 것이다(partire의 미래 1인칭 단수)

회화연습

문형연습

넌 어떤 계획을 갖고 있니? 난 프랑스로 떠날 거야.

1) 이탈리아어를 배울 거야(imparare l'italiano)
2) 서울로 갈 거야(andare a Seoul)
3) 가게 하나를 열 거야(aprire un negozio)
4) 몇 달 동안 일할 거야(lavorare per qualche mese)
5) 유럽을 여행할 거야(fare un giro per l'Europa)
6) 일자리를 찾을 거야(cercare un lavoro)
7) 새 집 한 채를 살 거야(comprare una nuova casa)
8) 월세집을 얻을 거야(prendere una casa in affitto)
9) 책을 많이 읽을 거야(leggere molti libri)
10) 은행에 많이 예금할 거야(mettere molti soldi in banca)

잠깐쉬어요!

밀라노 두오모(Duomo) 광장 근처에 위치하는 백화점으로 현지인뿐만 아니라 관광객들로 언제나 붐빕니다. 입구에는 중국인으로 보이는 행상인들이 스카프나 우산을 팔고 있는 모습도 볼 수 있죠.

Rinascente (리나쉔떼) 백화점

께 떼뽀 화라 도마니

38 | Che tempo farà domani?

trentotto

내일 날씨가 어떨까?

기본회화

다니엘 께 떼뽀 화라 도마니

Daniel : **Che tempo farà domani?**

프랑까 화라 벨 떼뽀

Franca : Farà bel tempo.

해설

- Che tempo farà domani? 내일 날씨는 어떨까? 날씨는 3인칭 단수이므로 farà로 활용. 날씨를 묻는 또 다른 표현으로는 Come sarà il tempo?

[동사활용]

	fare	essere
(io)	farò	sarò
(tu)	farai	sarai
(lui, lei)	farà	sarà
(noi)	faremo	saremo
(voi)	farete	sarete
(loro)	faranno	saranno

[새단어]

- **tempo** 날씨
- **farà** (fare의 미래 3인칭 단수), 날씨 표현에 사용
- **domani** 내일
- **bel tempo** 좋은 날씨

회화연습

문형연습

내일 날씨가 어떨까? 좋은 날씨가 될 거래.

1) 날씨가 나쁠 거야(fare brutto tempo)
2) 맑을 거야(essere sereno)
3) 구름이 낄 거야(essere nuvoloso)
4) 추울 거야(essere freddo)
5) 더울 거야(essere caldo)
6) 비가 올 거야(pioverà : piovere의 미래 3인칭 단수)
7) 눈이 올 거야(nevicherà : nevicare의 미래 3인칭 단수)
8) 바람이 불 거야(tirerà vento : tirare의 미래 3인칭 단수)

단어이야기

일기예보에 필요한 어휘를 익힙시다.

· 맑음 sereno
· 다소 구름 poco nuvoloso
· 구름 nuvoloso
· 구름이 많이 낌 molto nuvoloso
· 눈 neve
· 비 pioggia
· 기온 상승 temperatura in aumento
· 기온 하강 temperatura in diminuzione
· 잔잔한 바다 mare calmo
· 약간의 파도 mare mosso
· 높은 파도 mare molto mosso
· 거친 파도 mare agitato

꾸안도 또르네라이 넬 뚜오 빠에세

39 | Quando tornerai nel tuo paese?

trentanove

네 나라로 언제 돌아갈 거니?

기본회화

프랑까 꾸안도 또르네라이 넬 뚜오 빠에세
Franca : **Quando tornerai nel tuo paese?**

다니엘 치 또르네로 도뽀 께 아브로 다또 레사메 디 링구아 이딸리아나
Daniel : Ci tornerò dopo che avrò dato l'esame di lingua italiana.

해설

- nel tuo paese 너의 나라로 : paese가 남성 명사이므로 tuo, 여성이었다면 tua.
- ci tornerò(미래) dopo che avrò dato(미래완료) l'esame~

'돌아올 거다' 와 '시험을 볼 거다' 는 모두 미래에 일어날 일이지만 분명 시점의 차이가 있습니다. '시험 보는 것' 이 우선적으로 발생할 것이라는 점입니다. 이 경우 미래 완료형을 사용해야 합니다.

[동사활용] 미래완료

avere 또는 essere의 미래	
avrò, avrai, avrà avremo, avrete, avranno	타동사의 p.p.
sarò, sarai, sarà saremo, sarete, saranno	자동사의 p.p.

☞ 119쪽 참조.

[새단어]

- **quando** 언제
- **tornerai** 돌아갈 거다(tornare의 2인칭 단수 미래)
- **nel** in+il
- **tuo** 너의(소유형용사)
- **l'esame** 시험(lo esame의 축약형)
- **paese** 나라, 고향, 마을
- **ci** = nel mio paese
- **dopo che ~** ~한 후
- **avrò** (avere의 1인칭 단수 미래)
- **lingua** 언어

회화연습

문형연습

<u>난 이탈리아어 시험본 후에 그 곳으로 돌아갈 거야.</u>

1) 엄마에게 전화를 건 후에 그 곳으로 돌아갈 거야.
   (avere telefonato a mamma)
2) 편지를 쓰고 난 후에 그 곳으로 돌아갈 거야.
   (avere scritto una lettera)
3) 집을 판 후에 그 곳으로 돌아갈 거야.
   (avere venduto la casa)
4) Franca가 도착한 후에 그 곳으로 돌아갈 거야.
   (<u>Franca</u> sarà arrivat<u>a</u> a casa)

잠깐쉬어요!

자동판매기 덕분에 표를 사는 것이 훨씬 간편해졌죠. 참고로, www.fs-on-line.com이 이탈리아 철도청 사이트(TRENITALIA)입니다. 이탈리아어를 비롯하여 여러 나라 언어로 볼 수 있으니 공부삼아 방문해 보시면 좋을 듯.

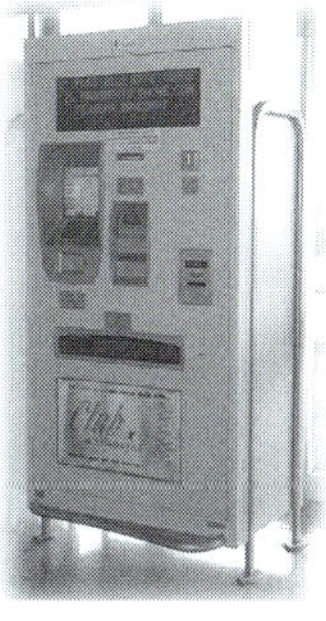

기차표 자동판매기

반드시 알고 넘어가야 하는 페이지

미래, 미래완료, 서수형용사

1. 미래

• 미래(규칙활용)

	-are, -ere	-ire
(io) (tu) (lui, lei) (noi) (voi) (loro)	-erò -erai -erà -eremo -erete -eranno	-irò -irai -irà -iremo -irete -iranno

• 미래(불규칙활용)

-care, -gare 동사 : cercare → cercherò, pagare → pagherò
-ciare, -giare동사 : cominciare → comincerò, mangiare → mangerò

essere (be) → sarò
andare (go) → andrò
potere (can) → potrò
vedere (see, look) → vedrò
rimanere (remain) → rimarrò
volere (want) → vorrò
tradurre (translate) → tradurrò
fare (do) → farò

avere (have) → avrò
dovere (must) → dovrò
sapere (know) → saprò
bere (drink) → berrò
venire (come, go) → verrò
tenere (take) → terrò
dare (give) → darò
stare (be) → starò

2. 미래완료

essere혹은 avere의 미래+과거분사

(io) (tu) (lui, lei) (noi) (voi) (loro)	avrò avrai avrà avremo avrete avranno	______o

(io) (tu) (lui,lei)	sarò sarai sarà	_____o/a
(noi) (voi) (loro)	saremo sarete saranno	_____i/e

3. 서수형용사(명사의 성 · 수를 따른다)

o | a / i | e	o | a / i | e
secondo	dodic esimo
terzo	tredic esimo
quarto	quattordic esimo
quinto	quindic esimo
sesto	sedic esimo
settimo	diciassett esimo
ottavo	diciott esimo
nono	diciannov esimo
decimo	vent esimo

(예) prima donna
unità prima
secondo livello
primi giorni

40 quaranta | Pronto? Sono Franca. C'è Ingrid?

(쁘론또 Pronto? 쏘노 Sono 프랑까 Franca. 체 C'è 잉그리드 Ingrid?)

여보세요? 프랑까인데요. 잉그리드 있나요?

기본회화

프랑까 쁘론또 쏘노 프랑까 체 잉그리드
Franca : **Pronto? Sono Franca. C'è Ingrid?**

잉그리드 챠오 쏘노 이오
Ingrid : Ciao, sono io.

해설

■ 전화로 누군가를 찾을 때의 표현

Posso parlare con ~? ~와 통화할 수 있을까요?

Parlo con casa Rossi? 롯씨 집인가요?

■ 전화로 응답할 경우의 표현

Chi parla? 누가 말씀하시는 거죠? 즉, 누구신가요?

Sì, un attimo. 네, 잠시만요.

No, non c'è.아니오, 없습니다.

■ 상대가 전화를 잘못 걸었을 경우 하는 표현

Scusi, ha sbagliato numero. 죄송합니다만 당신은 잘못 거셨군요.

[새단어]

· **pronto?** 여보세요?
· **c'è~?** ~ 있어요?
· **ciao** 안녕, 잘 있었어
· **sono io** 나야

회화연습

문형연습

1. 여보세요? 프랑까인데요. 잉그리드 있나요?

1) Daniel, Mario   2) Robert, Silvia   3) Bosun, Chulsu

2. 잘 있었니? 나야.

1) 네, 누구시죠?
2) 네, 잠시만요.
3) 아니요, 여기는 53국에 4692입니다. (qui è il 53-4692)
4) 죄송합니다만, 잘못 거셨군요. (ha sbagliato numero)

문화 한마디

동전 혹은 전화 카드(Carta Telefonica)를 이용하여 전화를 걸 수 있습니다. 동전은 한 번 통화시에 200리라가 들며 사용할 수 있는 동전은 100, 200, 500리라짜리 입니다. 전화 카드는 따바끼(Tabacchi, 담배 가게)나 Bar, 가두 판매점(Edicola) 등에서 쉽게 살 수 있습니다. 전화를 걸 때에는 먼저 수화기를 들고 동전을 넣거나 카드를 넣은 후 번호 버튼을 또박또박 누르면 O.K.! 살살 누르거나 빨리 누르면 제대로 안 걸릴 수도 있겠죠. 단, 같은 구역(예를 들어 밀라노에서 밀라노)으로 전화를 걸 때에도 지역 번호를 눌러야 하는 것에 주의!! 참고로, 이탈리아 국가 번호는 39, 그럼 한국은요? 82.

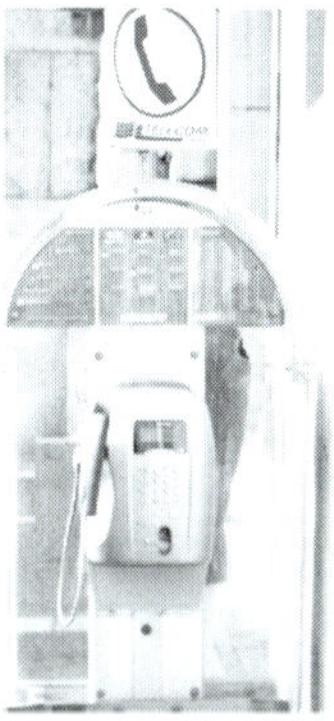
카드 공중전화기

"적은 비용으로 오래 통화한다"라는 광고 문구가 적혀 있는 공중전화기

전통적인 공중전화기

디 끼 에 꿰스또 말리오네

41 | Di chi è questo maglione?

quarantuno

이 스웨터 누구 거니?

기본회화

잉그리드 께 꼰푸시오네 마 께 꼬사 에 뚯또 꿰스또 디쏘르디네
Ingrid : Che confusione! Ma che cosa è tutto questo disordine?

디 끼 에 꿰스또 말리오네 다니엘 에 일 뚜오
Di chi è questo maglione? Daniel, è il tuo?

다니엘 씨, 에 일 미오
Daniel : Sì, è il mio.

해설

- di chi è ~? ~은 누구의 것입니까?
- che confusione! 감탄문의 한 형식으로 che+명사!, che+형용사!
  (che bella! 참 아름답구나!)
- è il tuo (maglione)? 네 스웨터이니?
- Sì, è il mio (maglione). 응, 내 스웨터야.

[새단어]

- **confusione** 혼란, 무질서, 난잡
- **chi** 누구
- **tutto** 모든
- **disordine** 무질서, 혼란, 난잡, 무절제
- **maglione** 스웨터

회화연습

문형연습

1. 이 스웨터 누구 거니? 다니엘, 네 거니? 응, 내 거야.

1) 이 저고리(questa giacca)
2) 이 셔츠(questa camicia)
3) 이 외투(questo cappotto)
4) 이 시계(questo orologio)

2. 이 옷들 누구 거니? 다니엘, 네 거니? 응, 내 거야.

1) 이 책들(questi libri)
2) 이 신문들(questi giornali)
3) 이 스타킹(queste calze)
4) 이 셔츠들(queste camicie)

단어이야기

의류 (abbigliamento)

*장갑(guanti)	옷(vestito)	*장화(stivali)
*바지(pantaloni)	*반바지(pantaloncini)	모자(cappello)
*신발(scarpe)	속옷(biancheria)	*양말(calzini)
*스타킹(calze)	T셔츠(maglietta)	
스커트(gonna)	*슬리퍼(ciabatte)	
저고리(giacca)	*샌들(sandali)	
*청바지(jeans)	넥타이(cravatta)	
목도리(sciarpa)	파자마(pigiama)	

*한 벌이 두 짝으로 이루어져 있어서 항상 복수로 쓰인다.

반드시 알고 소유형용사 2 넘어가야 하는 페이지

• **소유형용사**

io
- Questa è la mia camicia.
- Questo è il mio maglione.
- Queste sono le mie calze.
- Questi sono i miei guanti.

tu
- Maria, questa è la tua gonna?
- Maria, questo è il tuo golf?
- Maria, queste sono le tue scarpe?
- Maria, questi sono i tuoi pantaloni?

Lei
- Signora, questa è la Sua borsa?
- Signora, questo è il Suo ombrello?

Paolo
- Questa è la sua giacca?
- Questi sono i suoi jeans?

Chiara
- Questo è il suo cappotto?
- Queste sono le sue calze?

noi
- Questa è la nostra casa.
- Questo è il nostro giardino.
- Questi sono i nostri vicini.
- Queste sono le nostre biciclette.

voi
- Questa è la vostra macchina?
- Questi sono i vostri amici?

loro
- Questa è la loro macchina.
- Questi sono i loro bambini.

빈 칸을 채워보세요!

io

La mia camicia è bianca.

1. ___ ___ maglione è nero.
2. ___ ___ calze sono marroni.
3. ___ ___ guanti sono verdi.

tu

4. ___ ___ gonna ċ di scta?
5. ___ ___ scarpe sono di pelle?
6. ___ ___ pantaloni sono di cotone?

Lei / Paolo / Chiara

Professore, 7. ___ ___ lavoro è interessante?

Professore, 8. ___ ___ studenti sono bravi?

9. ___ ___ orologio è nuovo.
10. ___ ___ calze sono leggere.
11. ___ ___ sciarpa è di lana.
12. ___ ___ calze sono di Nylon.

noi

13. ___ ___ casa è piccola.
14. ___ ___ vicini sono simpatici.

voi

15. ___ ___ macchina è una Fiat?
16. ___ ___ amiche sono italiane?

loro

17. ___ ___ giardino è pieno di fiori.
18. ___ ___ vicini sono gentili.

그림으로 단어 공부하기 8

LA SFILATA DI MODA

패션 쇼

il maglione a collo alto
목폴라
il maglione
스웨터
la maglietta
면티
la camicetta
블라우스
il cappotto
코트
i bermuda
버뮤다
i sandali
샌들
la gonna
스커트
i jeans
청바지
la fascia
밴드
la camicia
셔츠
la sciarpa
목도리

42 quarantadue | Qual è l'orologio di Robert? È quello?

(깔 에 로롤로지오 디 로베르뜨 / 에 껠로)

로베르뜨의 시계는 어떤 거니? 그거니?

기본회화

잉그리드 깔 에 로롤로지오 디 로베르뜨 에 껠로
Ingrid : **Qual è l'orologio di Robert? È quello?**

마리오 노 껠로롤로지오 에 디 다니엘
Mario : No, quell'orologio è di Daniel.

해설

- quello : 지시대명사로서 남성단수명사를 대신합니다.
  - casa → quella
  - case → quelle
  - orologi → quelli
  - orologio → quello
- quell'orologio : quello orologio의 축약형으로서 이 때 quello는 지시형용사의 역할을 하고 있습니다. 주의하실 것은 지시형용사는 정관사의 규칙을 따르고 있다는 것이죠.

  예) quello studente 그 학생
  quegli studenti 그 학생들
  quel foglio 그 종이
  quei fogli 그 종이들

[새단어]

· **qual** (quale의 축약형) 어떤 것
· **quello** 지시대명사로서 orologio를 대신함
· **è di~** ~의 것이다.

회화연습

문형연습

1. 로베르뜨의 시계는 어떤 거니? 그거니? 아니, 그 시계는 다니엘 거야.

1) Silvia의 스커트, Ingrid
2) Ingrid의 목도리, Franca
3) Daniel의 가방, Robert
4) Luca의 스쿠터, Mario
5) Mario의 배낭, Daniel

2. 마리오의 안경은 어떤 거니? 그거니? 아니, 그 시계는 로베르뜨 거야.

1) Silvia의 스타킹, Ingrid
2) Ingrid의 책들, Daniel
3) Luca의 장갑, Robert
4) Robert의 신발, Mario

잠깐쉬어요!

명품의 나라 이탈리아

밀라노 시내에만도 여러 곳에 PRADA매장을 발견할 수 있습니다. 가격도 가격이지만 인테리어 디자인에 압도당할 지경입니다. GUCCI, Giorgio Armani, Gianni Versace, Benetton, Dolce&Gabbana, Missoni, Salvatore Ferragamo, Nino Cerruti, Trussardi, Maska 능능이 이탈리아가 낳은 세계적인 명품 브랜드들이죠.

PRADA 매장

삐까또 체 운 벨 휠므 알 치네마

43 | Peccato! C'è un bel film al cinema.

quarantatre

안됐구나! 좋은 영화가 상영되는데.

기본회화

마리오 뷔에니 꼰 노이 알 치네마
Mario : Vieni con noi al cinema?

잉그리드 논 뽓쏘 옷쥐 논 스또 베네
Ingrid : Non posso... oggi non sto bene.

마리오 삐까또 체 운 벨 휠므 알 치네마 라 뷔따 에 벨라
Mario : **Peccato! C'è un bel film al cinema** "La vita è bella".

해설

- Vieni con noi al cinema? : venire동사는 come, go의 의미를 다 갖는데, 화자인 Mario가 영화관에 간다는 조건이므로 그 동사를 사용했습니다.
- Non posso (venire) 난 갈 수가 없어.
- oggi non sto bene. 오늘 난 컨디션이 안 좋아.
- c'è un bel film~ 좋은 영화가 있다. 즉 좋은 영화가 상영되고 있다의 의미.

[동사활용] 직설법 현재

	venire(go, come)	**potere**(can)	**stare**(be)
(io)	vengo	posso	sto
(tu)	vieni	puoi	stai
(lui,lei)	viene	può	sta
(noi)	veniamo	possiamo	stiamo
(voi)	venite	potete	state
(loro)	vengono	possono	stanno

[새단어]

· **peccato!** 안됐구나! · **film** 영화 · **vita** 인생

회화연습

문형연습

너 우리랑 <u>영화관에</u> 갈래? 난 갈 수가 없어… 오늘 컨디션이 안 좋아.

1) 극장에　　2) 수영장에　　3) 도서관에　　4) Mario집에(da Mario)

단어이야기

기쁨, 놀라움, 실망, 낙심을 나타내는 표현들을 살펴봅시다.

1. Che bella giornata! 날씨 참 좋구나!
2. Che fortuna! 행운이구나!
3. Che bella sorpresa! 뜻밖이구나!
4. Che bella idea! 좋은 생각이구나!
5. Che peccato! 아, 이런!
6. Accidenti! 일났구나!
7. Peccato! 안됐구나!
8. Che bello! 아, 기분좋아라! / 아, 멋있구나!

La vita è bella

아 께 오라 띠 스벨리 라 맛띠나

44 | A che ora ti svegli la mattina?

quarantaquattro

너는 아침 몇 시에 깨니?

기본회화

마리오 아 께 오라 띠 스벨리 라 맛띠나
Mario : **A che ora ti svegli la mattina?**

다니엘 디 쏠리또 미 스벨리오 알레 쎄이
Daniel : Di solito mi sveglio alle sei.

마리오 에 뚜오 아미꼬
Mario : E tuo amico?

다니엘 루이 씨 스벨리아 운 뽀 삐우 따르디
Daniel : Lui si sveglia un po' più tardi.

해설

- A che ora ti svegli~? : 재귀동사 svegliarsi의 tu에 대한 활용입니다. svegliarsi = svegliare(깨우다) + si(재귀대명사).
  예컨대, mi sveglio는 'I wake up myself'입니다. 그러므로 재귀대명사는 영어의 ~self역할을 하는 것이죠. ☞ 134쪽 참조.

[새단어]

- **a che ora** 몇 시에
- **ti svegli** 너는 너 자신을 깨운다(재귀동사 svegliarsi의 2인칭단수)
- **la mattina** 아침, 오전
- **di solito** 흔히
- **mi sveglio** 나는 나 자신을 깨운다(재귀동사 svegliarsi의 단수 1인칭)
- **si sveglia** 그는 그 자신을 깨운다(재귀동사 svegliarsi의 단수 3인칭)
- **un po'** 조금, 좀
- **più** 더(more)
- **tardi** 늦게

회화연습

문형연습

너는 아침 몇 시에 깨니? 보통 6시에 깨.

1) 일찍 2) 늦게 3) 8시에 4) 정오에 5) 9시 30분에

[동사활용] 재귀동사 svegliarsi (잠에서 깨다)

	재귀대명사	svegliare	
(io)	mi	sveglio	presto (**일찍**)
(tu)	ti	svegli	tardi (**늦게**)
(lui, lei)	si	sveglia	alle sette (**7시에**)
(noi)	ci	svegliamo	a mezzogiorno (**정오에**)
(voi)	vi	svegliate	
(loro)	si	svegliano	

단어이야기

재귀동사들만 모았습니다. 일단 뜻만 알아두세요.

1. addormentar**si** 잠들다
2. lavar**si** 씻다
3. vestir**si** 옷 입다
4. truccar**si** 화장하다
5. fermar**si** 멈춰서다, 머물다
6. alzar**si** 일어나다
7. metter**si** 옷입다,모자쓰다,양말신다
8. pettinar**si** 머리빗다
9. far**si** la barba 면도하다
10. asciugar**si** 물기를 닦다
11. lavar**si** i denti 양치질하다
12. far**si** la doccia 샤워하다

반드시 알고 넘어가야 하는 페이지 재귀동사

재귀동사(현재)

<table>
<tr><td rowspan="12">Di solito</td><td>mi sveglio</td><td>alle sette</td></tr>
<tr><td>mi lavo</td><td>con l'acqua fredda</td></tr>
<tr><td>mi vesto</td><td>in fretta</td></tr>
<tr><td>mi trucco</td><td>un po'</td></tr>
<tr><td>mi addormento</td><td>alle dieci</td></tr>
<tr><td>mi fermo</td><td>da Paolo</td></tr>
<tr><td>mi alzo</td><td>alle sei</td></tr>
<tr><td colspan="2">mi pettino</td></tr>
<tr><td>mi metto</td><td>la camicia
la cravatta
il vestito
il cappello</td></tr>
<tr><td colspan="2">mi asciugo</td></tr>
<tr><td>mi faccio</td><td>la barba, i denti,
la doccia</td></tr>
</table>

1. 주어를 tu로 하여 문장을 구성해 보세요.
   Ti svegli~?
2. 계속해서 lui, noi, voi, loro를 주어로 하여 문장을 구성해 보세요. 재귀대명사 mi, ti, si, ci, vi, si를 알고 계신다면 동사활용만 하시면 됩니다.

재귀동사(근과거)

(io) (tu) (lui,lei)	mi ti si	sono sei è	alzato/a	alle sei a mezzogiorno presto tardi
(noi) (voi) (loro)	ci vi si	siamo siete sono	alzati/e	

재귀대명사를 근과거로 만들 경우엔 반드시 essere 조동사를 사용해야 합니다. 그렇다면 잊어서는 안되는 사실이 있죠? 과거분사의 어미를 주어의 성 · 수와 일치시켜야 합니다.

※ 재귀동사와 일반동사의 차이점은?

일반동사 : 주어 + 동사 + 목적어 + ... ⇒ 주어 ≠ 목적어

재귀동사 : 주어 + 목적어(재귀대명사) + 동사 + ... ⇒ 주어 = 목적어

io　mi　sveglio ~

나는　나자신을　깨운다 ~

잠깐쉬어요!

Giulio Cesare

Venni(왔노라), Vidi(보았노라), Vinsi(이겼노라)

한번쯤 들어보셨죠? 너무나 유명한 이 한마디는, Giulio Cesare(쥴리오 체사레)가 폼페이우스 군을 무찌르고 원로원에 보고한 "3V"입니다.

아 께 오라 띠 쎄이 알짜또 스따맛띠나

45 quarantacinque | A che ora ti sei alzato stamattina?

너 오늘 아침 몇 시에 일어났니?

기본회화

마리오 아 께 오라 띠 쎄이 알짜또 스따맛띠나 다니엘
Mario : **A che ora ti sei alzato stamattina, Daniel?**

다니엘 미 쏘노 알짜또 알레 셋떼
Daniel : Mi sono alzato alle sette.

마리오 에 뚜오 아미꼬
Mario : È tuo amico?

다니엘 앙께 루이 씨 에 알짜또 쁘레스또
Daniel : Anche lui si è alzato presto.

해설

■ 재귀동사의 근과거는 '재귀대명사 + essere + 과거분사'로만 만들어진다는 사실 기억하시겠죠?

단어이야기

'그들은 서로~하다'도 재귀동사를 사용해야 합니다.

Bruno e Stella	si	incontrano	서로 만난다
		guardano	서로 쳐다본다
		salutano	서로 인사한다
		innamorano	서로 사랑한다
		fidanzano	(서로) 약혼한다
		sposano	(서로) 결혼한다

[새단어]

· **stamattina** 오늘 아침(questa mattina의 간략형)

· **mi sono alzato, ti sei alzato, si è alzato** alzarsi(일어나다)의 근과거형태

회화연습

문형연습

몇 시에 일어났니, <u>다니엘</u>? <u>7시에</u> 일어났어.

1) Mario, 8시에　　2) Signor Kim, 7시 30분에
3) Ingrid, 9시에　　4) Signorina Choi, 8시 30분에

문화한마디

식습관을 통해 본 하루 일과

이탈리아 사람들의 전통적인 식사 습관은 하루에 5끼를 먹는 것이 일반적입니다.

아침(colazione) → 간식(spuntino) → 점심(pranzo) → 간식(merenda) → 저녁(cena)

1. 아침 식사(오전 7시) : 커피 한 잔(까페라떼나 에쓰뿌레쏘)에 파스타 한 조각을 곁들이는 정도. Bar에서 아침을 때우는 사람들을 흔히 볼 수 있습니다.
2. 간식(오전 11시) : 아침이 간단하니 금방 배가 고파집니다. 그래서 점심 시간 사이에 빵이나 핏짜, 샐러드 등을 먹습니다.
3. 점심 식사(오후 1시 ~ 오후 3시) : 한낮에 낮잠을 자는 '시에스타'가 있기 때문에 점심 식사는 느긋하게 정식으로 즐깁니다.
4. 간식(오후 5시) : 일반 상점들은 대개 4시를 전후해서 영업을 재개합니다. 그래서 이 때 핏짜나 파스타 등을 먹습니다.
5. 저녁 식사(오후 8시) : 외부 활동을 끝내고 집으로 돌아온 사람들, 저녁 식사는 온가족이 모여 함께 하는 것을 중요하게 여깁니다. 식사와 함께 와인을 즐기기도 합니다.

요즘은 이렇게 5끼를 챙겨 먹는 사람들이 점점 줄어들고 있답니다. 바쁘게 살아야 하기 때문이죠. 하지만 이 습관을 통해서 이탈리아 사람들이 본래 낙천적이고 여유가 있다는 걸 알 수 있겠죠.

띠 쎄이 디베르띠따

46 | Ti sei divertita?

quarantasei

너 즐거웠니?

기본회화

마리오 께 꼬사 아이 홧또 디 벨로 이에리 쎄라 잉그리드
Mario : Che cosa hai fatto di bello ieri sera, Ingrid?

잉그리드 쏘노 안다따 알라 훼스따 디 프랑까
Ingrid : Sono andata alla festa di Franca.

마리오 띠 쎄이 디베르띠따
Mario : **Ti sei divertita?**

잉그리드 노 미 쏘노 안노이아따 다 모리레
Ingrid : No, mi sono annoiata da morire.

해설

- Che cosa hai fatto di bello~? (직역) 넌 무엇을 재미있게 했니? (의역) 재미있었니?
- Ti sei divertita? 재귀동사 divertirsi(즐겁게 지내다)의 tu에 대한 활용입니다. 근과거 형태에서는 반드시 essere조동사를 사용해야죠. 주어가 여성(Ingrid) 이므로 divertita가 되어야 합니다.
- mi sono annoiata도 재귀형태입니다. annoiarsi(지루하다)의 tu에 대한 활용입니다.
- divertire(즐겁게하다) → divertirsi(즐거워하다, 즐겁게 지내다)
  annoiare(지루하게 하다) → annoiarsi(지루해하다)

[새단어]

- **di bello** 재미있게
- **ieri** 어제
- **festa** 파티
- **annoiata** annoiare (지루하게하다)의 *p.p.*
- **da morire** 대단히, 무척, 아주
- **divertita** divertire (즐겁게하다)의 *p.p.*

회화연습

문형연습

어제 저녁 재미있었니, 잉그리드? 프랑까의 파티에 갔었어.

1) 금요일 저녁, Paolo, Maria
2) 토요일 저녁, Silvia, Robert
3) 일요일 저녁, Daniel, Paola

[동사활용] 재귀동사 근과거

divertirsi (즐거워하다)			
(io)	mi	sono	divertito/a
(tu)	ti	sei	divertito/a
(lui)	si	è	divertito
(lei)	si	è	divertita
(noi)	ci	siamo	divertiti/e
(voi)	vi	siete	divertiti/e
(loro)	si	sono	divertiti/e

*annoiarsi를 위와 같이 인칭에 따라 근과거로 활용해 보세요.

47 quarantasette | Come ti trovi in Italia?

꼬메 띠 뜨로뷔 인 이딸리아

이탈리아에서 어떻게 지내고 있니?

기본회화

씰비아 꼬메 띠 뜨로뷔 인 이딸리아
Silvia : **Come ti trovi in Italia?**

마리오 미 뜨로보 베네
Mario : Mi trovo bene.

해설

- 재귀동사 trovarsi는 trovare(발견하다)+si로서 의미변화된 경우. 뒤따르는 표현에 따라 적절히 해석하면 됩니다. 동사활용 참조↓
- Dove si trova Daegu? 대구는 어디에 있나요?
  - Daegu si trova | in Corea(한국에)
    in Gyeongsang-do(경상도에)
    vicino a Gyeongju(경주 근처에)
    a circa 300 chilometri da Seoul
    (서울에서 대략 300km 떨어진 곳에)

[동사활용] 재귀동사

trovarsi				
(io)	mi	trovo	bene 잘 abbastanza bene 꽤 잘 male 잘 못	in Italia all' Università
(tu)	ti	trovi		
(lui)	si	trova		
(noi)	ci	troviamo	in una situazione difficile **어려운 상황에 (처해 있다)**	
(voi)	vi	trovate		
(loro)	si	trovano		

[새단어]

- **ti trovi** trovarsi(지내다)의 2인칭 단수
- **mi trovo** trovarsi(지내다)의 1인칭 단수
- **bene** good

회화연습

문형연습

이탈리아에서 어떻게 지내고 있니? 잘 지내.

1) 서울에서, 잘 지내
2) 대학교에서, 잘 못 지내(male)
3) Firenze, 아주 잘 지내
4) 요즘(in questi giorni), 어려운 상황에 처해 있어

단어이야기

sentirsi		
Mi sento	bene	기분 좋아
	male	기분 나빠
	giù	저기압이야
	a terra	기분이 바닥이야
	triste	슬퍼
	solo/a	외로워

잠깐쉬어요!

가두판매점(Edicola)

이곳에서 파는 것은 신문, 잡지, 복권, 버스표, 전철표, 전화카드 등으로 먹을 것은 팔지 않습니다. 신문은 1.500리라(2001년 기준). 최근 경쟁에서 이기기위해 "Il Giorno" 신문사는 가격을 500리라로 대폭 낮췄습니다. 참고로, 담배는 **T**(Tabacchi)라는 표시가 있는 곳에서만 판답니다.

부오이 우나 마노 잉그리드

48 quarantotto | Vuoi una mano, Ingrid?

도와줄까, 잉그리드?

기본회화

잉그리드 스따맛띠나 논 리에스꼬 아드 앗첸데레 일 떼르모시훠네 훠르쎄 씨
Ingrid : Stamattina non riesco ad accendere il termosifone... forse si
에 롯또 논 훈찌오나
è rotto... non funziona.

마리오 부오이 우나 마노 잉그리드
Mario : **Vuoi una mano, Ingrid?**

잉그리드 그랏찌에 볼렌띠에리
Ingrid : Grazie, volentieri.

해설

- non riesco ad accendere il termosifone
  (riesco ad accendere: ~결 수 있다)
- si è rotto ←rompersi(부서지다,고장나다)의 근과거형태
  (si: 재귀㈹, rotto: *p.p.*)
- Vuoi una mano? 도와줄까?

[동사활용] 직설법 현재

riuscire		
(io)	riesco	
(tu)	riesci	ad accendere~
(lui)	riesce	a trovare~
(noi)	riusciamo	a capire~
(voi)	riuscite	
(loro)	riescono	

[새단어]

- **riesco ad accendere~** ~를 결 수가 있다 (=posso accendere)
- **il termosifone** 스팀(난방기)
- **forse** 아마도
- **si è rotto** 고장났다
- **funziona** funzionare(작동,기능하다) 의 3인칭 단수
- **vuoi** volere(원하다)의 2인칭 단수
- **una mano** 손, 도움

회화연습

문형연습

난 스팀을 켤 수가 없구나. (Non riesco a ~)

1) 이탈리아어를 이해할 수가 없구나(a capire l'italiano)
2) 내 가방을 찾을 수가 없구나(a trovare la mia borsa)
3) 자동차를 주차할 수가 없구나(a parcheggiare la macchina)
4) 시내 중심지에서 집을 구할 수가 없구나(a trovare una casa in centro)

단어 이야기

Vuoi una mano? 에 대한 수용과 거절에 관한 표현

도움을 수용할 경우
Grazie! 고마워 Grazie tante! 정말 고마워 Magari! 그래주었으면 좋겠어 Volentieri! 그래 좋아

거절할 경우		
Grazie, non 고맙지만	fa niente importa	별일 아니야
Ti La	ringrazio, ma faccio da solo/a 고맙지만, 혼자하겠어(혼자하겠어요)	

잉그리드 아이 비소뇨 디 아이우또

49 | Ingrid, hai bisogno di aiuto?

quarantanove

잉그리드, 도움이 필요하니?

기본회화

잉그리드 에 아뎃쏘 꼬메 홧치오 화로 따르디 아 스꾸올라
Ingrid : È adesso come faccio? Farò tardi a scuola!

로베르뜨 잉그리드 아이 비소뇨 디 아이우또
Robert : **Ingrid, hai bisogno di aiuto?**

잉그리드 마가리 라 막끼나 씨 에 훼르마따
Ingrid : Magari! La macchina si è fermata.

해설

- hai bisogno di (필요성) < 동사원형(parlare con Mario) / 명사(un caffè)
- La macchina si è fermata. 자동차가 멈췄다, 꼼짝 않는다. (si è fermata: fermarsi의 근과거)

[동사활용] avere bisogno di (~할 필요가 있다, ~가 필요하다)

(io)	ho	bisogno di	aiuto (도움이)
(tu)	hai		un caffè (커피가)
(lui)	ha		un periodo di riposo (휴식 기간이)
(noi)	abbiamo		
(voi)	avete		prendere un po' d'aria (공기 좀 마실)
(loro)	hanno		parlare con Mario (마리오랑 얘기할)

[새단어]

- **adesso** 이제, 지금
- **farò tardi~** 늦을 거야(io)
- **come faccio?** 어떻게 하나?
- **hai bisogno di aiuto?** 도움이 필요하니?(tu)

회화연습

문형연습

잉그리드, 도움이 필요해?

1) 휴식 기간이　　2) 커피가　　3) 남자 친구가

학습포인트

도움을 주고자할 경우의 표현들을 보실까요?

Hai Ha	bisogno di	..........?
	Posso.........?	
Devo	aiutarti? aiutarLa?	

Ferrari　Fiat

myhome.naver.com/jaylino

문화한마디

자동차를 좋아하는 젊은이라면 꼭 한번 타보고 싶어 한다는 꿈의 스포츠카 페라리(Ferrari). 페라리는 이 차를 처음 만든 사람 Enzo Ferrari의 이름을 딴 차로 1946년 첫모델을 선보인 이래 세계적인 레이스에서 무수히 많은 우승을 거두면서 명성을 높여 왔습니다.

또 하나의 이탈리아의 대표적 자동차인 피아트(Fiat)는 1899년 3명의 젊은이들이 모여 만든 회사 '또리노의 이탈리아 자동차 회사(Fabbrica Italiana Automobili Torino)'의 이니셜입니다. '자동차가 부자들의 전유물이 되거나 경주용 만을 위한 것이어서는 안된다. 많은 사람이 탈 수 있도록 싸고 성능이 좋아야 한다'는 피아트 철학에 맞게 피아트 차는 소형차의 계보를 지금까지 이어오고 있습니다.

반드시 알고 조건법 넘어가야 하는 페이지

1. 조건법 현재

• 규칙 활용

	compr-are(사다)	**vend-ere**(팔다)	**pul-ire**(청소하다)
io	compr-erei	vend-erei	pul-irei
tu	compr-eresti	vend-eresti	pul-iresti
lui, lei	compr-erebbe	vend-erebbe	pul-irebbe
noi	compr-eremmo	vend-eremmo	pul-iremmo
voi	compr-ereste	vend-ereste	pul-ireste
loro	compr-erebbero	vend-erebbero	pul-irebbero

• 불규칙 활용

	potere(can)	**volere**(want)	**dovere**(must)	
io	potr-ei	vorr-ei	dovr-ei	chiedere informazioni
tu	potr-esti	vorr-esti	dovr-esti	cercare una casa
lui, lei	potr-ebbe	vorr-ebbe	dovr-ebbe	venire al più presto
noi	potr-emmo	vorr-emmo	dovr-emmo	seguire il tuo consiglio
voi	potr-este	vorr-este	dovr-este	stare più attenti
loro	potr-ebbero	vorr-ebbero	dovr-ebbero	telefonarti

	essere		avere	
io	sarei	pronto	avrei	fame
tu	saresti	qui	avresti	dei soldi
lui, lei	sarebbe	con me	avrebbe	una casa
noi	saremmo	insieme	avremmo	sonno
voi	sareste	a casa	avreste	un lavoro
loro	sarebbero	contenti	avrebbero	la macchina

2. 조건법의 용법

① 희망 사항을 완곡하게 표현할 때
② 친절하게 부탁할 때
③ 상대에게 정중히 충고할 때
④ 의혹이나 의심을 표현할 때
⑤ 추측이나 가능성을 표현할 때
⑥ 현재나 미래 사실을 추측하거나 추정하고 싶을 때
⑦ 빈정거림이나 의혹을 표현하고 싶을 때

잠깐쉬어요!

지하철

지하철은 Metropolitana, 줄여서 Metro라고 부르는데 현재 로마와 밀라노 두 도시에 지하철이 운행되고 있고, 길이는 그다지 길지 않은 편입니다. 열차는 우리나라와 달리 무척 거세게 달리며 문도 억척스런 소리를 내며 닫힙니다. 그러니 발이라도 끼이면 바로 부상이겠죠. 달리는 소음이 무척 커서 휴대폰 통화가 불가능할 정도입니다. 탑승 요금은 시내의 경우 1.500리라, 도심을 벗어날 경우 2.500리라입니다.(2001년 기준)

밀라노 지하철 Duomo(두오모)역

52 | Andavi spesso in discoteca quando eri al mare?

cinquantadue

안다비 스뻬쏘 인 디스꼬떼까 꾸안도 에리 알 마레

너는 바닷가에 있었을 때 디스코텍에 자주 가곤 했니?

기본회화

마리오 안다비 스뻬쏘 인 디스꼬떼까 꾸안도 에리 알 마레
Mario : **Andavi spesso in discoteca quando eri al mare?**

잉그리드 꾸아시 옷니 지오르노
Ingrid : Quasi ogni giorno.

해설

- andavi, eri와 같은 활용형태를 직설법 불완료과거라 합니다. 몇 개의 동사를 제외하고는 거의 대부분 규칙활용을 하죠. 의미는 두가지로 나타나는데 하나는 '~하고 있었다,' 다른 하나는 '~하곤 했다(과거의 규칙적인 습관)' 입니다.

[동사활용 I] 직설법 불완료과거 활용(불규칙)

	essere(be)	**fare**(do)
io	ero	facevo
tu	eri	facevi
lui	era	faceva
noi	eravamo	facevamo
voi	eravate	facevate
loro	erano	facevano

[새단어]

- **andavi** ~가곤 했다 (andare 동사의 불완료과거)
- **eri** ~있었다 (essere동사의 불완료과거)
- **quasi** 거의
- **spesso** 자주, 종종
- **al mare** 바닷가에
- **ogni giorno** 매일

회화연습

문형연습

너 바닷가에 있었을 때, 디스코텍에 자주 가곤했니?

1) 이탈리아에(in Italia), 휘렌체에(a Firenze)
2) 뻬루쟈에(a Perugia), 앗씨시에(a Assisi)
3) 밀라노에(a Milano), 코모 호수에(al lago di Como)

[동사활용 II] 직설법 불완료과거 활용(규칙)

	andare(go)	**leggere**(read)	**dormire**(sleep)
io	andavo	leggevo	dormivo
tu	andavi	leggevi	dormivi
lui	andava	leggeva	dormiva
noi	andavamo	leggevamo	dormivamo
voi	andavate	leggevate	dormivate
loro	andavano	leggevano	dormivano

학습포인트

Mentre aspettavo, è entrata Lucia.
① aspettavo ② è entrata

내가 기다리고 있는데, 루치아가 들어왔다.

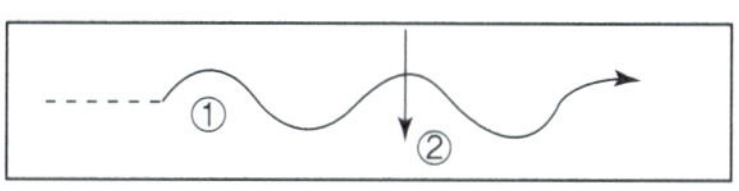

53 | Da bambina eri molto vivace?

cinquantatre

다 밤비나 에리 몰또 뷔바체

너, 어렸을 적에 무척 쾌활했니?

기본회화

마리오 다 밤비나 에리 몰또 뷔바체 잉그리드
Mario : **Da bambina eri molto vivace,** Ingrid?

잉그리드 노 에로 몰또 뜨랑뀔라 아뎃쏘 쏘노 뷔바체
Ingrid : No, ero molto tranquilla, adesso sono vivace.

해설

- da bambina는 quando eri bambina와 같은 의미를 갖습니다.

Da / quando ero	giovane	andavo	spesso	in discoteca
젊었을 때		가곤 했다	자주	디스코텍에

잠깐쉬어요!

Nel 1951 in Italia c'erano 47.516.000 abitanti, oggi ce ne sono 57.600.000.
1951년 이탈리아의 인구는 47,516,000명이었으나 오늘날엔 57,600,000명이다.

	가구당 식구 수	문맹자 수	대졸자 수	차량 수	휘발유 1리터 가격
1951	4	5.456.000	422.000	425.283	138리라
1991	2,8	1.500.000	1.600.000	26.378.000	1.535리라

[새단어]

- **da bambina** (여자)어린이부터, 즉 어렸을 적부터
- **tranquillo** 조용한, 침착한, 얌전한
- **vivace** 쾌활한
- **adesso** 지금

회화연습

문형연습

어렸을 적에 무척 <u>쾌활했는데</u>, 지금은 <u>조용해</u>.

1) 뚱뚱했는데(grasso), 날씬해(magro)
2) 긍정적이었는데(ottimista), 부정적이야(pessimista)
3) 폐쇄적이었는데(chiuso), 개방적이야(aperto)
4) 내성적이었는데(introverso), 외향적이야(estroverso)

학습포인트

괄호 속의 동사를 불완료과거로 변형시켜 완성하세요.

1. Ieri, mentre io (studiare) __________,
mio fratello (ascoltare) __________ la musica.

2. Ieri Pino, mentre (leggere) __________,
(fumare) __________.

3. Ieri, mentre Lucia (guardare) __________ la TV,
Giorgio e Paolo (giocare) __________ a scacchi.

4. Ieri, mentre io (scrivere) __________ a Maria,
i bambini (giocare) __________ in giardino.

54 | Perché c'ero già stato.

cinquantaquattro

빼르께 체로 지아 스따또

이미 거기에 가 봤었기 때문이야.

기본회화

다니엘 빼르께 논 쎄이 안다따 알 리스또란떼 꼰 마리오 이에리 쎄라
Daniel : Perché non sei andata al ristorante con Mario ieri sera?

씰비아 논 치 쏘노 안다따 빼르께 아베보 지아 만지아또
Silvia : Non ci sono andata perché avevo già mangiato.

다니엘 에 빼르께 논 쎄이 안다따 알 치네마
Daniel : E perché non sei andata al cinema?

씰비아 빼르게 체로 지아 스따따
Silvia : **Perché c'ero già stata.**

해설

- Non ci sono andata perché avevo già mangiato.
  (sono andata: 근과거 / avevo ... mangiato: 대과거)

  (나는 거기에 가지 않았다 왜냐하면 이미 먹어봤었기 때문이다.)
  대과거를 사용한 이유는 '거기에 가지 않았다' 라는 사실보다 '이미 먹어봤었다' 라는 사실이 시제상 앞서기 때문입니다.

- 대과거 = avere의 불완료과거 + 과거분사 (타동사)
  essere의 불완료과거 + 과거분사 (자동사)

- perché c'ero già stata.
  (ero ... stata: 대과거)

  (나는 이미 거기에 가 봤었기 때문이다.)
  stare 동사가 자동사이므로 essere동사의 불완료과거 형태와 짝을 이루어 문장이 형성되었습니다. 여기서 주의하실 점은 근과거에서와 같이 주어의 성 · 수에 따라 과거분사의 어미가 달라집니다. 주어가 Silvia이므로 stata가 된 것이죠.

[새단어]

- **avevo già mangiato** 나는 이미 먹어 봤었다(직설법 대과거)
- **c'ero già stata** 나는 이미 거기에 가 봤었다(직설법 대과거)
- **c'ero = ci ero, ci = al cinema**

회화연습

문형연습

난 이미 먹어 봤었기 때문에 거기에 가지 않았어.

1) 그 영화를 봤었기(avevo già visto quel film),
영화관에 가지 않았어(non sono andato al cinema)

2) 집에서 몇 분 전에 커피를 마셨기(l'avevo già preso pochi minuti prima a casa),
조금 전에 빠에서 커피를 마시지 않았어(poco fa al bar non ho preso il caffè)

학습 포인트

괄호 속의 동사를 대과거로 변형시켜 보세요.

1. Oggi in libreria è arrivato il libro che io ________ ________ (ordinare) un mese fa.

2. Quando è cominciato a piovere, lui ________ già ________ (tornare) a casa da mezz'ora.

55 | Buonasera, avete un tavolo libero?

cinquantacinque 부오나쎄라 아베떼 운 따볼로 리베로

안녕하세요, 빈 테이블 있나요?

기본회화

까메리에레 부오나쎄라
Cameriere : Buonasera.

마리오 부오나쎄라 아베떼 운 따볼로 리베로
Mario : **Buonasera, avete un tavolo libero?**

까메리에레 봐 베네 꿰스또 따볼로
Cameriere : Va bene questo tavolo?

마리오 씨 봐 베닛씨모
Mario : Sì, va benissimo.

해설

- avete un tavolo libero? 에서 웨이터를 존대하여 voi에 대한 활용으로 사용했습니다. 존칭은 Lei와 Loro가 있으나 간혹 Voi를 존칭으로 사용하기도 합니다.
- Va bene~? ~좋아요?
- benissimo는 bene의 최상급입니다. 형용사 혹은 부사에 -issimo 어미를 붙여 만드는 것이죠.

[새단어]

- **buonasera** 안녕하세요(저녁 인사)
- **un tavolo libero** 빈 테이블
- **Va bene** O.K.
- **benissimo = ben(e) + issimo = molto bene** (issimo: 최상급어미)
- **cameriere** 웨이터
- **Va benissimo** 아주 좋습니다

회화연습

문형연습

이 테이블 괜찮습니까? 네, 아주 좋습니다.

1) 이런 유형(questo tipo)
2) 이 옷(questo vestito)
3) 이 가방(questa borsa)
4) 이 식당(questo ristorante)

학습포인트

절대적 최상급

alto	comodo	intelligente	male	tardi
altissimo	comodissimo	intelligentissimo	malissimo	tardissimo
아주 높은	아주 편리한	아주 똑똑한	아주 나쁘게	아주 늦게

56 | Per me zuppa di mare, e tu Ingrid?

cinquantasei　빼르 메 줍빠 디 마레 에 뚜 잉그리드

저는 해물 스프 주세요. 그런데 잉그리드 너는?

기본회화

까메리에레　안노 쉘또
Cameriere : Hanno scelto?

마리오　빼르 메 줍빠 디 마레 에 뚜 잉그리드
Mario : **Per me zuppa di mare, e tu Ingrid?**

잉그리드　이오 쌀또 일 쁘리모 보르레이 일 마이알리노 알 훠르노 에 빼르 꼰또르노 운인쌀라따
Ingrid : Io salto il primo; vorrei il maialino al forno e per contorno un'insalata.

해설

- Per me ~ 저는 ~ 주세요
- Io salto il primo (piatto) 첫번째 요리(pasta로서 밀가루 음식의 총칭)는 건너뛰겠다.
- Vorrei il maialino al forno. volere(want)의 조건법 활용으로서 예의를 갖출 경우 사용하는 법입니다.

[새단어]

- **hanno scelto?** 당신들 선택하셨나요? (scelto는 scegliere의 *p.p.*)
- **per me** 저를 위해
- **zuppa** 스프
- **di mare** 바다의, 해산물의
- **il maialino** 어린 돼지고기
- **per contorno** (고기와 곁들여 먹는) 야채로는
- **salto** saltare (건너뛰다)의 1인칭 단수
- **il primo** 첫번째 식사
- **vorrei** volere의 조건법 1인칭 단수
- **al forno** 오븐에 구운
- **insalata** 샐러드

회화연습

문형연습

저는 해물 스프를 주세요. 그런데 잉그리드 너는?

1) 까르보나라 스빠겟띠　　2) 그릴에 구운 갈비　　3) 감자 튀김　　4) 해물 쌀요리

[동사활용] volere의 조건법 현재

(io)	vorrei	gli spaghetti alla carbonara 까르보나라 스파겟띠
(tu)	vorresti	il risotto ai frutti di mare 해물 쌀요리
(lui)	vorrebbe	la costata alla griglia 그릴에 구운 갈비
(noi)	vorremmo	l'insalata mista 혼합 샐러드
(voi)	vorreste	le patate fritte 감자튀김
(loro)	vorrebbero	

단어이야기

<table>
<tr><td rowspan="2">Faccio</td><td rowspan="2">colazione(아침식사)
uno spuntino(오전간식)
merenda(오후간식)</td><td>a casa</td></tr>
<tr><td>al bar</td></tr>
</table>

<table>
<tr><td colspan="2">Pranzo(점심먹다; io)
Ceno(저녁먹다; io)</td><td rowspan="2">fuori(밖에서)
a casa(집에서)
al ristorante(식당에서)
in trattoria(간이식당에서)</td></tr>
<tr><td>Vado a</td><td>pranzo(점심식사)
cena(저녁식사)</td></tr>
</table>

57 | Io per secondo vorrei una bistecca ai ferri.

cinquantasette

이오 뻬르 쎄꼰도 보르레이 우나 비스떽까 아이 훼리

저는 두번째 식사로 비프스테이크 주세요.

기본회화

마리오 이오 뻬르 쎄꼰도 보르레이 우나 비스떽까 아이 훼리 에 빠따떼 알 훠르노
Mario: Io per secondo vorrei una bistecca ai ferri e patate al forno.

까메리에레 쁘렌도노 일 돌체
Cameriere: Prendono il dolce?

잉그리드 이오 보르레이 운 띠라미쑤 에 뚜 마리오
Ingrid: Io vorrei un tiramisù e tu Mario?

마리오 이오 우나 휏따 디 또르따 알 리모네
Mario: Io una fetta di torta al limone.

해설

- Vorrei
  - 원합니다
  - 주세요

una bistecca	비프스테이크
un tiramisù	띠라미쑤
un biglietto	차표(버스, 기차, 극장 …)
un caffè	커피

[새단어]

- **per secondo** 두번째 식사(육류, 어류 등의 요리)로
- **vorrei** volere(원하다)의 조건법으로 예의를 갖춘 표현
- **bistecca ai ferri** 석쇠구이 비프스테이크
- **patate al forno** 오븐에 구운 감자
- **dolce** 후식용 단것
- **prendono** prendere(take)의 3인칭 복수. 여기서는 복수 존칭
- **tiramisù** 띠라미쑤(디저트의 한 종류)
- **fetta** 조각
- **torta al limone** 레몬 케이크

회화연습

문형연습

저는 <u>띠라미쑤</u> 주세요.

1) un patate fritte (감자튀김)
2) un maialino al forno (오븐에 구운 돼지고기)
3) una macedonia di frutta con gelato (아이스크림이 곁들여진 과일 펀치)

문화한마디

이탈리아인들의 식사 순서

안띠빠스또(antipasto 전채 요리) → 줍빠 에 미네스뜨로네(zuppa e minestrone 스프류) → 쁘리모 삐앗또(primo piatto 빠스따) → 세꼰도 삐앗또(secondo piatto 고기, 생선 요리) → 돌체(dolce 디저트)

어기에 샐러드나 감자튀김같은 contorno를 곁들입니다. vino bianco(백포도주), vino rosso(적포도주) 그리고 acqua minerale(생수), caffè 등도 빼놓을 수 없습니다.

dolce

58 | Vino bianco o vino rosso?

cinquantotto　뷔노 비앙꼬 오 뷔노 롯쏘

백포도주 드릴까요, 적포도주 드릴까요?

기본회화

까메리에레 에 다 베레 뷔노 비앙꼬 오 뷔노 롯쏘
Cameriere: E da bere? **Vino bianco o vino rosso?**

마리오 뷔노 비앙꼬 에 악꾸아 미네랄레 나뚜랄레
Mario: Vino bianco e acqua minerale naturale.

해설

- E da bere? 그런데 마실 것은 (뭘로 하시겠습니까)?
- Vino bianco o vino rosso?(억양)

심화학습

- 이 레스토랑의 특별 요리는 무엇인가요?
  Quali sono le specialità di questo ristorante?
- 금방 됩니까?
  Posso averlo subito?
- 잘 구워 주세요(중간쯤, 살짝).
  Ben cotta(media, al sangue), per favore.
- 어떻게 먹는 거죠?
  Come si mangia questo?
- 빵 좀 더 주세요.
  Un po' più di pane, per favore.

[새단어]

- **da bere** 마실 것
- **vino bianco** 백포도주
- **vino rosso** 적포도주
- **acqua** 물
- **acqua minerale** 생수
- **acqua minerale naturale** 자연 생수

회화연습

문형연습

그런데 마실 것은 뭘로 하시겠습니까? 백포도주 아니면 적포도주?

1) Coke o aranciata (콜라, 오렌지 주스)
2) birra o acqua (맥주, 물)
3) aranciata o birra (오렌지 주스, 맥주)
4) acqua o sprite (물, 사이다)

잠깐쉬어요!

와인(Vino)

이탈리아는 세계적인 와인 생산국입니다. 포도의 재배와 발효에 안성맞춤인 자연 환경 덕분에 질 좋은 와인을 즐길 수 있죠. 북부에서는 주로 적포도주와 샴페인, 스뿌만떼(spumante) 등이 생산되고, 중부에서는 부드러운 끼안띠(chianti) 와인이 생산됩니다. 가격도 비교적 저렴한 편. 와인을 가장 맛있게 마시는 방법은 먹기 2시간 전에 미리 마개를 열어 두는 것인데 그 이유는 그때가 되어서야 와인의 제맛이 나기 때문이라고 합니다.

저장 창고
iicat.com/home.htm

59 | Il conto per favore.
cinquantanove

일 꼰또 뻬르 화보레

계산서 부탁합니다.

기본회화

마리오 일 꼰또 뻬르 화보레
Mario : **Il conto per favore.**

까메리에레 쁘레고 꿰스따 에 라 리체부따
Cameriere : Prego... questa è la ricevuta.

마리오 그랏찌에
Mario : Grazie.

해설

- prego는 다양한 의미를 지니는 유용한 표현입니다.
- prego | 천만에요
  들어오세요
  앉으세요
  그러죠 등등

[새단어]

· **il conto** 계산서
· **per favore** please
· **prego** 뜻이 매우 다양한데, 여기서는 '그러죠' 정도로 볼 수 있습니다.
· **la ricevuta** 영수증
· **grazie** 감사합니다

회화연습

문형연습

계산서 부탁합니다.

1) 버스표 한 장(un biglietto)
2) 말보로 한 갑(un pacchetto di Marlboro)
3) 맥주 한 잔(una birra)
4) 커피 한 잔(un caffè)

문화한마디

이탈리아에서는 서비스를 받고 팁을 주는 행위가 아주 자연스러운 것입니다. 레스토랑에서는 음식값의 10~15% 정도를 팁으로 주곤 합니다. 참고로, Bar에서 커피를 마실 때에는 200~500lire 정도, 도어맨이나 택시 기사에게는 2.000~5.000lire정도, 공공 화장실을 사용했을 때에도 200~500lire 정도를 팁으로 준다고 하니, 이탈리아를 여행하실 때에는 잔돈이 늘 어느 정도 있어야겠죠?(2001년 기준)

60 sessanta | Un etto di prosciutto, per favore.

운 엣또 디 쁘로쉬웃또 뻬르 휘보레

뽀로쉬웃또 100g 주세요.

기본회화

다니엘 운 엣또 디 쁘로쉬웃또 뻬르 휘보레
Daniel : **Un etto di prosciutto, per favore.**

네곳찌안떼 로 부올레 꼿또 오 끄루도
Negoziante : Lo vuole cotto o crudo?

다니엘 끄루도 그랏찌에
Daniel : Crudo, grazie.

해설

- Lo(=prosciutto) vuole cotto o crudo?를 다시 쓰면 Vuole il prosciuto cotto o (il prosciutto)crudo?인데 'il prosciutto'를 직접대명사 lo로 대신하여 동사 앞으로 보내고 cotto와 crudo만 남긴 형태입니다. 간단하게 변형되었죠.

단어이야기

단위를 공부하실까요?

un etto 100g	un centimetro 1cm	un litro 1ℓ
due etti 200g	due centimetri 2cm	due litri 2ℓ
mezzo chilo 500g	un metro 1m	mezzo litro $\frac{1}{2}$ℓ
un chilo 1 kg	due metri 2m	un litro e mezzo 1$\frac{1}{2}$ℓ
due chili 2kg	un chilometro 1km	
	tre chilometri 3km	

[새단어]

- **un etto** 100g
- **prosciutto** 쁘로쉬웃또 (돼지 넓적다리의 뼈를 제거한 후 소금, 후추, 포도주로 간을 하여 동여맨 후 지하 저장소에서 3개월가량 숙성시킨 일종의 햄)
- **per favore** please
- **cotto** 익힌, 훈제된
- **vuole** volere(want)의 직설법 현재 3인칭 단수
- **lo** 직접대명사로서 prosciutto를 대신함
- **crudo** 날것의(3개월 숙성된)
- **negoziante** 상인

회화연습

문형연습

<u>쁘로쉬웃또 100g</u> 주세요.

1) 빵 2개(due panini)
2) 우유 1리터(un litro di latte)
3) 포도 1kg(un chilo d'uva)
4) 버스표 한 장(un biglietto)
5) 말보로 라이트 한 갑(un pacchetto di Marlboro Light)

학습포인트

prosciutto를 lo로 받았는데, banana는 무엇으로 대신할 수 있을까요?

1. Compro <u>una banana</u> e <u>la</u> mangio.

2. Compro <u>un gelato</u> e <u>lo</u> mangio.

3. Compro <u>i biscotti</u> e <u>li</u> mangio.

4. Compro <u>le caramelle</u> e <u>le</u> mangio.

5. Compro <u>le gomme</u> da masticare e <u>ne</u> mangio <u>una</u>.

ne는 '여러 개의 껌들 중에'라는 의미입니다. 따라서 ne mangio una는 '그 중에 한 개를 먹는다' 입니다.

61 sessantuno | È libero questo posto?

에 리베로 꿰스또 뽀스또

이 좌석 빈 건가요?

기본회화

보선 에 리베로 꿰스또 뽀스또
Bosun : **È libero questo posto?**

씰비아 씨 쁘레고
Silvia : Sì, prego!

보선 일 미오 노메 에 보선 뚜 꼬메 띠 끼아미
Bosun : Il mio nome è Bosun. Tu come ti chiami?

씰비아 미 끼아모 씰비아
Silvia : Mi chiamo Silvia.

보선 쎄이 쓰빠뇰라
Bosun : Sei spagnola?

씰비아 노 쏘노 이딸리아나
Silvia : No, sono italiana.

해설

- prego! : 앉으세요
- il mio nome 나의 이름, il tuo nome 너의 이름, il suo nome 그의/그녀의 이름
- come ti chiami? : 네 이름 뭐니?

[새단어]

- **è** essere(be)동사의 3인칭 단수
- **questo posto** 이 자리
- **prego** 앉으세요
- **tu** 너
- **ti** 너 자신을, 너를
- **mi** 나 자신을, 나를
- **sei** essere(be)동사의 2인칭 단수
- **sono** essere동사의 1인칭 단수
- **libero** 자유로운, 비어있는
- **sì** 네
- **il mio nome** 나의 이름
- **come** 어떻게
- **chiami** chiamare(부르다)의 단수2인칭
- **chiamo** chiamare의 단수1인칭
- **No** 아니

회화연습

문형연습

Il mio nome è <u>Bosun</u>. Tu come ti chiami?

1) Shin Jeong　　2) Young Bae　　3) Ji Min　　4) Suk Jun

[동사활용] 직설법 현재

essere(be)			
io	sono	noi	siamo
tu	sei	voi	siete
lui	è	loro	sono

심화학습

- 흡연칸 fumatori
- 금연칸 non fumatori
- 시간표 l'orario
- 이 열차의 좌석을 예약하고 싶어요.
  Vorrei prenotare un posto su questo treno.
- 식당칸이 있나요? C'è un vagone ristorante?
- 침대칸이 있나요? C'è un vagone letto?

62 | Dove abiti?

sessantadue 도베 아비띠

어디 사니?

기본회화

씰비아 스뚜디
Silvia : Studi?

보선 씨 스뚜디오 링구에 알루니베르씨따
Bosun : Sì, studio lingue all' università.

씰비아 도베
Silvia : Dove?

보선 아 볼로냐
Bosun : A Bologna.

씰비아 이오 쏘노 쁘로쁘리오 디 볼로냐
Silvia : Io sono proprio di Bologna.

보선 도베 아비띠
Bosun : **Dove abiti?**

씰비아 인 첸뜨로
Silvia : In centro.

보선 앙끼오
Bosun : Anch'io.

해설

- studi, studio, abiti 이탈리아어의 동사는 인칭에 따라 활용어미를 달리하는 것 아시죠? 직설법 현재를 복습할까요?

	abitare(live)	**prendere**(take)	**partire**(leave)
io	abito	prendo	parto
tu	abiti	prendi	parti
lui	abita	prende	parte
noi	abitiamo	prendiamo	partiamo
voi	abitate	prendete	partite
loro	abitano	prendono	partono

- Io sono di Bologna es) Sei di Seoul? 서울 출신이니?
  (sono di: 출신, 고향을 의미)

[새단어]

- **studi** studiare(공부하다)의 2인칭 단수
- **lingue** 언어들
- **dove** 어디
- **abiti** abitare(거주하다)의 2인칭 단수
- **anch'io** anche io 나도 역시
- **studio** studiare의 1인칭 단수
- **all'università** a (at) + la (the) università 대학교에
- **proprio** 바로, 정확히
- **centro** 중심지, 도심

회화연습

문형연습

Dove abiti? <u>In centro</u>.

1) in periferia (교외에)

2) in via Uccelino (웃첼리노 가에)

3) in periferia vicino allo stadio (교외 운동장 근처에)

심화학습

- 이 표를 취소할 수 있나요?
  Si può annullare questo biglietto?
- 어디서 갈아타야 하나요?
  Dove devo cambiare?
- 로마까지 얼마나 걸리나요?
  Quanto tempo ci vuole per andare a Roma?
- 몇 시에 떠납니까?
  A che ora parte?

63 | Qual è il tuo indirizzo?

sessantatre　꾸알 에 일 뚜오 인디릿쪼

네 주소가 어떻게 되니?

기본회화

씰비아　쎄　부오이　뽓씨아모　베데르치　꾸알께　볼따
Silvia : Se vuoi, possiamo vederci qualche volta.

보선　볼렌띠에리
Bosun : Volentieri!

씰비아　꾸알　에 일 뚜오　인디릿쪼
Silvia : **Qual è il tuo indirizzo?**

보선　뷔아　레오나르도　누메로　두에
Bosun : Via Leonardo numero 2(due).

씰비아　에 일 누메로　디　뗄레훠노
Silvia : E il numero di telefono?

보선　뜨렌따꾸아뜨로　꾸아란따꾸아뜨로　쎄딴따두에
Bosun : 34.44.72 (trentaquattro-quarantaquattro-settantadue)

해설

- possiamo vederci ~ : veder(e) +ci = vederci
  (we can) (see)(ourselves)

- 34.44.72 : 이탈리아 전화번호는 국과 번호의 구분을 두지 않고 연이어 씁니다. 읽는 방법은 뒤에서부터 둘씩 끊어 놓고 읽기 시작합니다. 물론 하나씩 또박또박 읽어도 되겠죠.

[새단어]

- **se** ~라면, 만약
- **possiamo** potere(할 수 있다)의 1인칭 복수
- **qualche volta** 가끔
- **qual(e)** 무엇, 어떤 것, 뭐
- **via** 가, 거리
- **e** 그리고
- **telefono** 전화
- **vuoi** volere(원하다)의 2인칭 단수
- **vederci** vedere(see) + ci(ourselves)
- **volentieri** 기꺼이
- **il tuo indirizzo** 네 주소
- **numero** 번호
- **di** ~의

회화연습

문형연습

Qual è il tuo indirizzo?

1) il numero di telefono
2) il numero di fax
3) il numero di cellulare (휴대폰)

[동사활용]

	직설법 현재	
	volere (want)	**potere** (can)
io	voglio	posso
tu	vuoi	puoi
lui	vuole	può
noi	vogliamo	possiamo
voi	volete	potete
loro	vogliono	possono

64 | Vorrei una camera.

sessantaquattro 보르레이 우나 까메라

방 하나 주세요

기본회화

보선 부오나쎄라
Bosun : Buonasera!

뽀르띠에레 부오나쎄라 씨뇨레
Portiere : Buonasera, signore!

보선 보르레이 우나 까메라
Bosun : **Vorrei una camera.**

뽀르띠에레 압비아모 우나 돕삐아 꼰 바뇨 에 우나 싱골라 쎈짜 바뇨
Portiere : Abbiamo una doppia con bagno e una singola senza bagno.

보선 꾸알 에 일 쁘렛쪼
Bosun : Qual è il prezzo?

뽀르띠에레 첸또친꾸안따밀라 리레 라 돕삐아 첸또벤띠밀라 리레 라 싱골라
Portiere : 150.000 lire la doppia e 120.000 lire la singola.

보선 봐 베네 라 돕삐아
Bosun : Va bene la doppia.

해설

- Vorrei una camera.
  → volere(want)의 조건법 1인칭 단수

- 150.000 : 천 단위 표시는 ',' 대신 '.' 으로 합니다. 반대로 2.45를 이탈리아인들은 2,45라 표기합니다. 이 때 ','는 virgola라고 읽습니다.

[새단어]

- **buonasera** 안녕하세요(저녁 인사)
- **vorrei** I would like
- **abbiamo** avere(소유하다)의 복수 1인칭
- **doppia** 더블룸
- **singola** 싱글룸
- **il prezzo** 가격
- **signore** Mr.
- **camera** 방, 룸
- **portiere** 프론트 데스크 직원
- **con bagno** 욕실딸린
- **senza bagno** 욕실없는
- **va bene** 좋아요, O.K.

회화연습

문형연습

Vorrei una camera.

1) un francobollo da 2.000 lire (이천리라짜리 우표 한 장)
2) una marca da bollo (수입인지 한 장)
3) una carta telefonica da 10.000 lire (만 리라짜리 전화카드)
4) un biglietto (티켓 한 장)
5) una birra (맥주 한 잔)
6) delle informazioni (몇 가지 정보)

[동사활용]

	조건법 현재
	volere(want)
io	vorrei
tu	vorresti
lui	vorrebbe
noi	vorremmo
voi	vorreste
loro	vorrebbero

주유소 Agip

65 | Quanti giorni si ferma?

sessantacinque
꾸안띠 지오르니 씨 훼르마

며칠 머무르실 건가요?

기본회화

뿌르띠에레 꾸안띠 지오르니 씨 훼르마
Portiere : **Quanti giorni si ferma?**

보선 우나 셋띠마나
Bosun : Una settimana.

뿌르띠에레 아 운 도꾸멘또 뻬르 화보레
Portiere : Ha un documento, per favore?

보선 에꼬 일 빳싸뽀르또
Bosun : Ecco il passaporto.

뿌르띠에레 그랏찌에 씨뇨레
Portiere : Grazie, signore!

해설

■ Quanti giorni si ferma? (직역) 며칠간 당신은 당신 자신을 머물게 하실건가요?
(si = yourself, ferma = stay)

주어와 목적어가 동일한 경우를 재귀형태라고만 알아둡시다.

[새단어]

· **quanti giorni** 며칠
· **una settimana** 일주일
· **per favore** please
· **il passaporto** 여권
· **si ferma** 머물다(fermarsi의 3인칭 단수)
· **un documento** 서류, 신분증명서
· **ecco** 여기 ~가 있다
· **grazie** 감사합니다

회화연습

문형연습

Ha <u>un documento</u>, per favore?

1) una moneta da 50 lire (50리라짜리 동전)
2) il permesso di soggiorno (체류허가증)
3) la patente di guida (운전면허증)

[동사활용] 재귀동사의 활용을 살펴 봅시다.

fermarsi(stay)	
io mi fermo	noi ci fermiamo
tu ti fermi	voi vi fermate
lui si ferma	loro si fermano

주 mi(myself), ti(yourself), si(himself, herself, Yourself(당신 자신))
ci(ourselves), vi(yourselves), si(themselves)

심화학습

· 접수(프런트데스크) la registrazione
· 체크아웃 시간은 몇 시인가요? A che ora devo lasciare la camera?
· 귀중품 보관을 해주시나요?
Posso lasciare in custodia qualche oggetto di valore?
· 이 짐을 맡아주실 수 있나요? Posso lasciare in deposito questa valigia?
· 맡긴 짐을 찾고 싶은데요. Vorrei ritirare la valigia lasciata in deposito.

66 sessantasei | Scusi, qual è il corso del dollaro, oggi?

스꾸지 꾸알 에 일 꼬르소 델 돌라로 옷쥐

죄송합니다만, 오늘 달러 환율이 어떤가요?

기본회화

보선 스꾸지 꾸알 에 일 꼬르소 델 돌라로 옷지
Bosun : **Scusi, qual è il corso del dollaro, oggi?**

임삐에가따 밀레옷또첸또꾸아란따
Impiegata : Milleottocentoquaranta (1840) lire.

보선 알로라 보르레이 깜비아레 두에첸또 돌라리
Bosun : Allora vorrei cambiare duecento(200) dollari.

임삐에가따 께 딸리 쁘레훼리쉐
Impiegata : Che tagli preferisce?

보선 쎄이 빌리엣띠 다 친꾸안따밀라 에 일 레스또 인 빌리엣띠 다 디에치밀라
Bosun : Sei biglietti da cinquantamila(50.000) e il resto in biglietti da diecimila(10.000).

해설

■ Allora vorrei cambiare ~

volere동사의 조건법 활용형인 vorrei 뒤엔 동사원형(cambiare) 또는 명사가 따라 옵니다.

(es) Vorrei un biglietto per Napoli, per favore! 나폴리행 표 한 장 주세요!

■ sei biglietti da 50.000

da: 짜리

[새단어]

- **scusi** 실례합니다., 죄송합니다
- **del** di(of)+il(the) ~의
- **vorrei** I would like
- **tagli** 은행권, 지폐
- **sei** 6
- **il resto** 나머지
- **il corso del dollaro** 달러 환율
- **allora** 그러면, 그럼
- **cambiare** 바꾸다, 환전하다
- **preferisce** preferire(선호하다)의 3인칭단수
- **biglietti** 화폐, 지폐

회화연습

문형연습

<u>Che tagli</u> preferisce?

1) Che tipo di macchina (어떤 유형의 자동차를)
2) Che cosa (어떤 것을)
3) Che disco (어떤 디스크를)
4) Chi (누구를)

[동사활용] 직설법 현재 활용의 경우 삽입사 -isc-가 들어가는 동사를 복습하실까요?

	preferire(prefer)	**capire**(understand)	**spedire**(send)
io	prefer<u>isc</u>o	cap<u>isc</u>o	sped<u>isc</u>o
tu	prefer<u>isc</u>i	cap<u>isc</u>i	sped<u>isc</u>i
lui	prefer<u>isc</u>e	cap<u>isc</u>e	sped<u>isc</u>e
noi	preferiamo	capiamo	spediamo
voi	preferite	capite	spedite
loro	prefer<u>isc</u>ono	cap<u>isc</u>ono	sped<u>isc</u>ono

주 삽입사 -isc-가 들어가는 -ire동사는 대부분 끝에서 다섯번째 문자가 모음인 경우입니다.

67 | Sì, ce l'ho. Eccolo!

sessantasette

씨 체 로 에꼴로

네, 갖고 있습니다. 여기 있습니다!

기본회화

임삐에가따 아 일 빳싸뽀르또
Impiegata : Ha il passaporto?

보선 씨 체 로 에꼴로
Bosun : **Sì, ce l'ho. Eccolo!**

임삐에가따 꾸알 에 일 쑤오 인디릿쪼 인 이딸리아
Impiegata : Qual è il Suo indirizzo in Italia?

보선 뷔아 웃첼리노 쎄딴따 꽈뜨로 훼라라
Bosun : Via Uccelino 74, Ferrara.

임삐에가따 부올레 휘르마레 꿰스따 리체부따 뻬르 화보레
Impiegata : Vuole firmare questa ricevuta, per favore?

보선 수비또
Bosun : Subito!

임삐에가따 씨 앗꼬모디 뿌레 알라 깟싸
Impiegata : Si accomodi pure alla cassa.

보선 그랒지에
Bosun : Grazie!

해설

- ce l'ho : ci lo ho의 축약 변형형태로서 ci는 장소부사, lo는 직접대명사 (il passaporto를 대신함), ho는 avere(have) 동사의 단수 1인칭입니다. 그런데 ci → ce로 된 것은 뒤따르는 lo의 영향때문인데 발음을 쉽게 하기위해 모음 동화 작용이 왔다고 알아두시죠.
- ecco<u>lo</u> : '여기 있습니다' eccola, eccoli, eccole 등의 형태도 알아두셔야죠. la (여성단수를 대신), li(남성 복수), le(여성 복수)
- si accomodi ~ : 재귀동사 원형 accomodarsi의 존칭명령으로 '새단어' 에서 보인 것과 같이 다양한 의미로 사용됩니다.

[새단어]

- **Sì, ce l'ho** 네, 갖고 있습니다
- **eccolo!** 여기 있습니다!
- **il Suo indirizzo** 당신의 주소
- **vuole** volere(want)의 3인칭 단수
- **questa ricevuta** 이 영수증
- **subito** 곧
- **si accomodi** 앉으세요, ~쪽으로 가세요, 들어오세요
- **cassa** 캐쉬 박스, 계산대
- **pure** 어서

회화연습

문형연습

Ha il passaporto? Sì, ce l'ho : eccolo!

1) una sigaretta, la
2) una moneta da 100 lire, la
3) la patente, la
4) il cellulare, lo

[동사활용] 긍정명령형을 만들어 보시겠어요? 할 말이 많지만 참겠습니다.

	-are	-ere	-ire	
(tu)	-a	-i	-i	-a를 제외하면
(voi)	-ate	-ete	-ite	직설법 현재
(noi)	-iamo	-iamo	-iamo	활용어미와 동일
(Lei)	-i	-a	-a	접속법 현재
(Loro)	-ino	-ano	-ano	활용어미와 동일

68 | Scusi, taxi, è libero?

sessantotto

스꾸지 딱씨 에 리베로

택시, 타도 됩니까?

기본회화

보선 스꾸지 딱시 에 리베로
Bosun : **Scusi, taxi, è libero?**

땃씨스따 씨 도베 데베 안다레
Tassista : Sì, dove deve andare?

보선 알라 스땃찌오네
Bosun : Alla stazione.

땃씨스따 봐 베네 씨뇨레
Tassista : Va bene, signore!

보선 뿌오 안다레 삐우 훠르떼 데보 쁘렌데레 일 라삐도 델레 옷또
Bosun : Può andare più forte? Devo prendere il rapido delle otto.

땃씨스따 뿌르뜨롭뽀 에 로라 디 뿐따
Tassista : Purtroppo è l'ora di punta!

해설

■

(Lei) deve	andare	alla stazione
(Io) devo	prendere	il rapido
(Lei) può	andare	più forte
조동사	동사원형	

[새단어]

- **dove** 어디
- **alla stazione** 역에
- **l'ora di punta** 러시아워 피크 시간
- **prendere** 타다(교통 수단을)
- **purtroppo** 안타깝게도, 안됐지만
- **andare** 가다
- **va bene** O.K.
- **più forte** 더 빨리
- **il rapido** 급행 열차
- **tassista** 택시 기사

회화연습

문형연습

Devo <u>prendere il rapido delle otto</u>.

1) avere pazienza (인내심을 갖다, 참다)　2) dare l'esame (시험보다)
3) chiedere una cosa (한 가지 물어보다)　4) aspettare una lettera (편지를 기다리다)

[동사활용] 조동사들의 직설법 현재 활용을 복습하시죠.

	dovere(must)	**potere**(can)	**volere**(want)
io	devo	posso	voglio
tu	devi	puoi	vuoi
lui	deve	può	vuole
noi	dobbiamo	possiamo	vogliamo
voi	dovete	potete	volete
loro	devono	possono	vogliono

심화학습

- 이 주소로 가 주세요. — A questo indirizzo, per favore.
- 역까지 데려다 주세요. — Mi porti alla stazione, per favore.
- 서둘러 주세요. — Faccia presto, per favore.
- 여기서 세워 주세요. — Si fermi qui, per favore.
- 공항까지 요금이 얼마입니까? — Quanto pago per l'aeroporto?

69 | Oh, eccoci arrivati! Quanto pago?

sessantanove

오 에꼬치 아리봐띠 꾸안또 빠고

오, 다 왔군요! 얼마죠?

기본회화

보선 씨 마 논 뽓쏘 뻬르데레 일 뜨레노
Bosun : Sì, ma non posso perdere il treno!

땃씨스따 앙꼬라 뽀끼 미누띠 에 씨아모 알라 스땃찌오네
Tassista : Ancora pochi minuti e siamo alla stazione.

보선 오 에꼬치 아리봐띠 꾸안또 빠고
Bosun : **Oh, eccoci arrivati! Quanto pago?**

땃씨스따 노베밀라 리레
Tassista : Novemila(9000) lire.

보선 에꼬 아 레이 디에치밀라 리레 뿌오 떼네레 일 레스또
Bosun : Ecco a lei diecimila(10000) lire. Può tenere il resto.

땃씨스따 그랏찌에 부온 비앗쥐오
Tassista : Grazie, buon viaggio!

해설

■ ecco : ecco

qui - 여기 있다
là - 저기 있다
i nostri amici - 우리 친구들이 있다(온다)
il treno - 기차가 온다
mi - 나 여기 있다
a Lei - (존칭 상대방에게) 여기 있습니다
perché - 이유가 있다
fatto - 다 됐다

[새단어]

- **perdere il treno** 기차를 놓치다
- **pochi minuti** 몇 분
- **eccoci arrivati** 이제 다 왔다
- **tenere il resto** 잔돈을 가지다
- **ancora** 아직
- **alla stazione** 역에
- **quanto pago?** 얼마죠?
- **viaggio** 여행

회화연습

문형연습

Non posso perdere <u>il treno</u>!

1) l'autobus
2) l'aereo
3) la metropolitana
4) l'occasione(기회)

[동사활용]

	직설법 현재
	pagare(pay)
io	pago
tu	paghi
lui	paga
noi	paghiamo
voi	pagate
loro	pagano

잠깐쉬어요!

후덕하게 생긴 이웃 아저씨같은 분이 짐도 트렁크에 실어 주고, 목적지까지 모셔다 줍니다. 기본 요금은 15.000리라. 그러나 대중 교통이나 도보로 이동하는 것이 더 경제적이고 관광도 되겠죠?

밀라노 중앙역 앞에 대기 중인 택시

70 | Ci sediamo dentro o fuori?
settanta
치 쎄디아모 덴뜨로 오 후오리

우리 안에 앉을까, 밖에 앉을까?

기본회화

보선 치 세디아모 덴뜨로 오 후오리
Bosun : **Ci sediamo dentro o fuori?**

잉그리드 에 우나 벨라 지오르나따 레스띠아모 후오리
Ingrid : È una bella giornata : restiamo fuori!

보선 께 꼬사 쁘렌디아모
Bosun : Che cosa prendiamo?

잉그리드 이오 쁘렌도 운 까페
Ingrid : Io prendo un caffè.

보선 논 부오이 꾸알꼬사 다 만쥐아레
Bosun : Non vuoi qualcosa da mangiare?

잉그리드 노 그랏찌에 쏘노 아 디에따
Ingrid : No, grazie, sono a dieta.

해설

- ci sediamo : 재귀동사 'sedersi'(앉다)의 noi에 대한 활용입니다.
- restiamo fuori! : 명령법으로서 '우리 밖에 있자!' 입니다.
- qualcosa da

qualcosa da	mangiare	먹을 것
	bere	마실 것
	fare	해야할 것

- sono a dieta : 나는 다이어트 중이야.

[새단어]

· **ci sediamo** (우리는) 앉는다
· **bella giornata** 멋진 날, 좋은 날씨
· **qualcosa da mangiare** 먹을 거
· **dentro o fuori** 안에 아니면 밖에
· **restiamo** 머물다, 있다 (restare의 복수 1인칭)

회화연습

문형연습

È una bella giornata : restiamo fuori!

1) uscire di casa (집 밖으로 나가다, 외출하다)
2) andare al mare (바다에 가다)
3) fare una passeggiata (산보하다)
4) giocare a calcio (축구하다)

[동사활용]

	재귀동사 현재	
	sedersi(sit down)	
io	mi	siedo
tu	ti	siedi
lui	si	siede
noi	ci	sediamo
voi	vi	sedete
loro	si	siedono

바 르(Bar)

이탈리아에서 bar는 칵테일, 맥주, 커피 혹은 간단한 음식과 음료를 파는 곳입니다. 담배, 축구표(totocalcio) 등도 구입할 수 있죠. 아침에 bar에서 간단하게 아침 식사를 하는 직장인들을 흔히 볼 수 있습니다.

저자와 Bar 주인이 한 컷~

Bar 내부

71 | Cameriere, per favore!

settantuno

까메리에레 빼르 화보레

웨이터, 주문 받으세요!

기본회화

보선 까메리에레 빼르 화보레
Bosun : **Cameriere, per favore!**

까메리에레 쁘레고 꼬사 데지데라노
Cameriere : Prego, cosa desiderano?

보선 운 까페 에 운 빗끼에레 디 뷔노
Bosun : Un caffè e un bicchiere di vino.

까메리에레 일 뷔노 비앙꼬 오 롯쏘
Comeriere : Il vino bianco o rosso?

보선 비앙꼬 그랏찌에
Bosun : Bianco, grazie!

해설

- prego : 이 표현의 쓰임새는 매우 다양합니다.
  ① Don't mention it!, You're welcome! Not at all! 아닙니다, 괜찮습니다.
  ② Please sit down! 앉으세요.
  ③ After you! 먼저 하세요, 먼저 타세요.
  ④ Come in please! 들어 오세요.
  ⑤ Take a seat, please! 이리 오세요.

[새단어]

- **cameriere** 웨이터 *cf.)* cameriera(웨이트레스)
- **per favore** please, 여기서는 '주문 받으세요'
- **prego** you're welcome!, 여기서는 '말씀하시죠'
- **desiderano** desiderare(원하다)의 복수존칭(3인칭 복수)
- **un bicchiere di vino** 포도주 한 잔
- **il vino bianco o rosso** 백포도주 아니면 적포도주

회화연습

문형연습

Prego, cosa desiderano? <u>Un caffè</u>.

1) un'aranciata (오렌지 주스)
2) un gelato alla fragola (딸기 아이스크림)
3) una birra (맥주)
4) un cappuccino (까뿟치노)

[동사활용]

	직설법 현재
	desiderare(desire)
io	desidero
tu	desideri
lui	desidera
noi	desideriamo
voi	desiderate
loro	desiderano

잠깐쉬어요!

에스뿌레쏘

까뿟치노

까페라떼

까뿟치노(cappuccino)
진한 커피에 우유 거품과 휘핑 크림, 톡 쏘는 계피향이 어우러진 이탈리안 커피

에스뿌레쏘(espresso)
진하게 우려내 작은 잔에 마시는 이탈리안 커피. 식후에 마시면 개운하죠.

까페라떼(caffè latte)
우유가 들어간 이 커피는 흔히 아침 식사용입니다. 프랑스에서는 카페오레, 스페인에서는 카페콘레체라고 합니다.

72 | Pronto, sono Bosun Choi ; c'è Mario?

settantadue 쁘론또 쏘노 보선 최 체 마리오

여보세요, 최보선인데요. 마리오 있어요?

기본회화

보선 쁘론또 쏘노 보선 최 체 마리오 뻬르 빠아체레
Bosun : **Pronto, sono Bosun Choi; c'è Mario,** per piacere?

라 맘마 디 마리오 씨 로 끼아모 수비또
La mamma di Mario : Sì, lo chiamo subito.

보선 챠오 마리오 띠 디스뚜르보
Bosun : Ciao, Mario, ti disturbo?

마리오 노 아홧또
Mario : No, affatto!

보선 오 비소뇨 디 운 화보레
Bosun : Ho bisogno di un favore.

마리오 딤미 뿌레
Mario : Dimmi pure!

보선 뿌오이 악꼼빠냐르미 아 꼼쁘라레 우나 막끼나 훠또그라휘까
Bosun : Puoi accompagnarmi a comprare una macchina fotografica?

해설

■ lo / la / li / le | chiamo subito : lo(him), la(her), li(them－男).
le(them－女)
그를(그녀를, 그들을) 곧 불러드리겠습니다.

■ Dimmi pure! : dimmi = di'(dire의 tu에 대한 명령) + mi(to me). 여기서 m가 하나 더 들어간 것은 di와 mi를 부드럽게 연결시키기 위함입니다.

[새단어]

- **pronto** 여보세요(전화 대화에서)
- **c'è** 있다
- **per piacere** could you please
- **lo chiamo** 그를 부르겠다
- **subito** 곧
- **comprare** 사다
- **ciao** 안녕
- **ti disturbo** 나는 너를 귀찮게 한다
- **affatto** 전혀
- **ho bisogno di** 나는 ~가 필요하다
- **favore** 부탁, 호의
- **dimmi** 내게 말해
- **puoi accompagnarmi** 나를 데리고 갈 수 있겠니?
- **macchina fotografica** 사진기

회화연습

문형연습

Puoi accompagnarmi a comprare <u>una macchina forografica</u>?

1) i piatti (접시들)
2) la calcolatrice (계산기)
3) la cucitrice (스테플러)
4) lo schedario (card index)
5) il computer (컴퓨터)
6) gli sci (스키)
7) il termometro (체온기)
8) i jeans (청바지)
9) gli stivali (부츠)
10) il giubbotto di pelle (가죽 잠바)

[동사활용]

	직설법 현재		
	chiamare(call, phone)	**disturbare**(disturb)	**potere**(can)
io	chiamo	disturbo	posso
tu	chiami	disturbi	puoi
lui	chiama	disturba	può
noi	chiamiamo	disturbiamo	possiamo
voi	chiamate	disturbate	potete
loro	chiamano	disturbano	possono

심화학습

· 좀더 천천히 말씀해 주세요. Parli più lentamente.
· 미안합니다. 잘못 걸었군요. Mi scusi. Ho sbagliato.
· 한국으로 전화하고 싶어요. Vorrei chiamare la Corea.
· 통화중입니다. La linea è occupata.
· 전화번호부 l'elenco telefonico
· 공중전화 la cabina del telefono

73 | D'accordo, a più tardi allora!

settantatre

닥꼬르도 아 삐우 따르디 알로라

좋아, 그럼 이따 보자!

기본회화

마리오 체르따멘떼 꼰 삐아체레
Mario : Certamente, con piacere!

보선 꼬노쉬 운 네곳찌오 논 뜨롭뽀 까로
Bosun : Conosci un negozio non troppo caro?

마리오 씨 네 꼬노스꼬 우노 도베 환노 데이 부오니 스꼰띠
Mario : Sì, ne conosco uno dove fanno dei buoni sconti.

보선 뽓씨아모 안다르치 옷쥐 뽀메릿지오
Bosun : Possiamo andarci oggi pomeriggio?

마리오 씨 쎄 뻬르 떼 봐 베네 빳쏘 아 쁘렌데르띠 알레 꾸아뜨로
Mario : Sì, se per te va bene, passo a prenderti alle quattro.

보선 닥꼬르도 아 삐우 따르디 알로라
Bosun : **D'accordo, a più tardi allora!**

해설

- ne conosco uno ~ : ne = dei nogozi(상점들 중에)
- passo a prender | ti 너를 (데리러 가겠다)
  - lo (him) 그를
  - la (her) 그녀를
  - La (you) 당신을
  - vi (you) 너희들을
- possiamo andarci ~ : 우리는 거기에 갈 수 있다
  (there)

[새단어]

- **certamente** 물론
- **con piacere** 기꺼이
- **conosci** 너 알고 있니
- **un negozio** 상점
- **non troppo** 너무 지나치지 않는
- **caro** 비싼
- **fanno dei buoni sconti** 할인을 잘 해 준다
- **possiamo andarci** 우리는 거기 갈 수 있다
- **se per te va bene** 네가 좋다면
- **passo a prenderti** 나는 너를 데리러 간다
- **d'accordo** 동의한다, 좋다
- **a più tardi** 이따가
- **allora** 그럼

회화연습

문형연습

Se per te va bene, passo a prenderti alle quattro.

1) per Lei, La, alle tre
2) per lui, lo, alle cinque
3) per lei, la, alle sei e mezzo
4) per voi, vi, alle sette e venti

[동사활용]

	직설법 현재			
	conoscere(know)	**fare**(do)	**potere**(can)	**andare**(go)
io	conosco	faccio	posso	vado
tu	conosci	fai	puoi	vai
lui	conosce	fa	può	va
noi	conosciamo	facciamo	possiamo	andiamo
voi	conoscete	fate	potete	andate
loro	conoscono	fanno	possono	vanno

74 settantaquattro | È permesso?

에 뻬르멧쏘
들어가도 될까요?

기본회화

보선 / 에 뻬르멧쏘
Bosun : **È permesso?**

쎄그레따리아 / 쁘레고 씨 악꼬모디 미 디까 뿌레
Segretaria : Prego, si accomodi. Mi dica pure.

보선 / 볼레보 델레 인훠르맛찌오니 쑤이 보스뜨리 꼬르시 디 링구아 이딸리아나
Bosun : Volevo delle informazioni sui vostri corsi di lingua italiana.

쎄그레따리아 / 체르또 노이 옷후리아모 꼬르시 인 친꿰 리벨리 디 딧휘꼴따 달
Segretaria : Certo. Noi offriamo corsi in cinque livelli di difficoltà, dal
쁘린치삐안떼 앗쏠루또 알아반짜또 뻬르 데치데레 꾸알레 리벨로
principiante assoluto all'avanzato. Per decidere quale livello
후레퀜따레 홧치아모 운 에사메 쁘레리미나레
frequentare facciamo un esame preliminare.
에 뻬르 레이 오 뻬르 운 쑤오 아미꼬
È per Lei o per un Suo amico?

해설

- Volevo delle informazioni~ : 몇 가지 정보를 알고 싶었습니다. (volere의 불완료과거)
- Per decidere quale livello frequentare facciamo ~ :
  결정하기 위해 / 어떤 레벨의 과정을 다녀야할지를 / 우리는 ~을 합니다.

[새단어]

- **è permesso?** 들어가도 되나요?
- **Mi dica pure** 말씀하시죠
- **delle informazioni** 몇가지 정보
- **certo** 물론이죠
- **difficoltà** 난이도, 어려움
- **frequentare** 다니다
- **Prego, si accomodi** 그럼요, 들어오세요
- **volevo** volere(want)의 불완료과거
- **sui vostri corsi** 귀 학교의 과정에 대해
- **cinque livelli** 다섯 레벨
- **all'avanzato** 고급 과정까지
- **un esame preliminare** 예비 시험

회화연습

[동사활용]

	직설법 불완료 과거	직설법 현재	
	volere(want)	**offrire**(offer)	**fare**(do)
io	volevo	offro	faccio
tu	volevi	offri	fai
lui	voleva	offre	fa
noi	volevamo	offriamo	facciamo
voi	volevate	offrite	fate
loro	volevano	offrono	fanno

잠깐쉬어요!

학교 과정

초등학교 5년(6~10세) 중학교 3년(11~13세) 고등학교 5년(14~18세) 대학교 4~6년으로 이루어져 있습니다. 이 가운데 초등학교와 중학교는 의무교육제를 실시하고 있고, 고등학교와 대학교도 대부분의 비용을 국가와 지방 정부가 부담합니다. 학기는 11월에 시작되며 다음해 6월에 끝이 납니다.

LICEO SCIENTIFICO STATALE R. DONATELLI 고등학교 입구

76 settantasei | Avete anche lezioni di sera?

아베떼 앙께 레찌오니 디 쎄라

저녁반도 있나요?

기본회화

보선 베네 꼬시 뚯띠 리 스뚜덴띠 데보노 뻬르 훠르짜 꼬무니까레
Bosun : Bene, così tutti gli studenti devono per forza comunicare
인 이탈리아노 이오 라 맛띠나 후레꾸엔또 우나 스꾸올라 디 디자인
in italiano. Io la mattina frequento una scuola di design :
아베떼 앙께 레찌오니 디 뽀메릿찌오 오 디 쎄라
avete anche lezioni di pomeriggio o **di sera?**

쎄그레따리아 체르또 이 꼬르시 쎄랄리 꼬민치아노 알레 디치옷또 에 뜨렌따 뚯띠 이 지오르니
Segretaria : Certo. I corsi serali cominciano alle 18 e trenta tutti i giorni
에 떼르미나노 알레 벤뚜노
e terminano alle 21.

보선 그랏찌에 밀레 아리베데르치
Bosun : Grazie mille, arrivederci.

해설

■ Grazie <u>mille</u> : 대단히 감사합니다.

■ arrivederci : 안녕히 계세요.

[새단어]

- **bene** 좋아요
- **tutti gli studenti** 모든 학생들
- **comunicare** 의사 전달하다
- **pomeriggio** 오후
- **i corsi serali** 저녁반
- **arrivederci** 안녕히 계세요
- **così** 그렇다면, 그럼
- **per forza** 필연적으로
- **la mattina** 오전에, 아침에
- **sera** 저녁
- **tutti i giorni** 매일

회화연습

[동사활용]

	직설법 현재			
	dovere(must)	**frequentare**(go to)	**cominciare**(begin)	**terminare**(end)
io	devo	frequento	comincio	termino
tu	devi	frequenti	cominci	termini
lui	deve	frequenta	comincia	termina
noi	dobbiamo	frequentiamo	cominciamo	terminiamo
voi	dovete	frequentate	cominciate	terminate
loro	devono	frequentano	cominciano	terminano

잠깐쉬어요!

대학교 과정은 4년이 일반적이지만 의학부는 6년, 건축학부는 5년으로 약간 차이가 있습니다. 입학은 쉽지만 열심히 공부하지 않으면 다음 학기로 올라가기 힘들죠. 어렵게 20개 과목의 학점을 취득하고 졸업 논문이 통과되어 졸업을 하면 dottore라는 호칭을 붙여줍니다. 여기서 dottore는 미국식 학제의 박사는 아닙니다. 석사 정도로 보면 됩니다. 학기는 매년 11월경에 시작하여 이듬해 6월에 끝납니다.

자유로운 수업 분위기

77 | Scusi, passa di qui l'autobus 183?

settantasette

스꾸지 빳싸 디 뀌 라우또부스 우노옷또뜨레

실례합니다, 183번 버스가 이리로 지나가나요?

기본회화

보선 스꾸지 빳싸 디 뀌 라우또부스 우노옷또뜨레
Bosun : **Scusi, passa di qui l'autobus 183?**

뻬르소나 께 아스뻿따 씨 일 빳싸 쁘로쁘리오 뻬르 퀘스따 스뜨라다
Persona che aspetta : Sì, il 183 passa proprio per questa strada.
우노옷또뜨레

보선 꾸안또 꼬스따 일 빌리엣또
Bosun : Quanto costa il biglietto?

뻬르소나 께 아스뻿따 꼬스따 밀레친퀘첸또리레 마 논 로 벤도노 술라우또부스
Persona che aspetta : Costa 1500 lire, ma non lo vendono sull'autobus.
로 데베 꼼쁘라레 쁘리마 디 쌀리레
Lo deve comprare prima di salire.

보선 에 도베 로 벤도노
Bosun : E dove lo vendono?

뻬르소나 께 아스뻿따 베데 퀠에디꼴라 디 지오르날리 뿌오 꼼쁘라를로 리 오뿌레
Persona che aspetta : Vede quell'edicola di giornali? Può comprarlo lì, oppure
달 따박까이오 알앙골로 아 쁘로뽀시또 도베 데베 안다레
dal tabaccaio all'angolo. A proposito, dove deve andare?

해설

- Lo deve comprare ~ : 직접대명사로서 'il biglietto'를 지시합니다.
  non lo vendono ~, dove lo vendono ~,
- può comprarlo : 조동사+일반동사+lo, la, li, le
- da+사람을 지칭하는 명사 ⇒ 그 사람이 있는 곳
  dal tabaccaio는 '담배 상인이 있는 곳' 즉 '담배 가게' 입니다.

[새단어]

- **di qui** 이리로, 이쪽으로
- **proprio** 정확히, 바로
- **questa strada** 이 길, 도로
- **quanto costa** 얼마입니까
- **il biglietto** 표
- **persona che aspetta** 기다리는 사람
- **lo vendono** 그것을 판다
- **sull'autobus** 버스에서
- **lo deve comprare** 그것을 사야 합니다
- **prima di** ~하기 전에
- **quell'edicola** 가두 판매점
- **può comprarlo lì** 거기서 그것을 살 수 있다
- **oppure** 혹은
- **dal tabaccaio** 담배 가게에서
- **all'angolo** 모퉁이에
- **a proposito** 그런데

회화연습

[동사활용]

	직설법 현재		
	passare(pass)	**costare**(cost)	**vendere**(sell)
io	passo	-	vendo
tu	passi	-	vendi
lui	passa	costa	vende
noi	passiamo	-	vendiamo
voi	passate	-	vendete
loro	passano	costano	vendono

심화학습

- 여기가 어딥니까? — Dove siamo qui?
- 이 거리 이름이 뭡니까? — Come si chiama questa via?
- 어떤 건물입니까? — Che palazzo è?

78 | Grazie per avermelo detto.
settantotto

그랏찌에 뻬르 아베르멜로 뎃또

말씀해 주셔서 감사합니다.

기본회화

보선 봐도 알암바쉬아따 꼬레아나 아이 빠리올리
Bosun : Vado all'ambasciata coreana ai Parioli.

뻬르소나 께 아스뻿따 아이 빠리올리 마 알로라 레이 아 스발리아또 디렛찌오네
Persona che aspetta : Ai Parioli? Ma allora Lei ha sbagliato direzione,

데베 쁘렌데레 라우또부스 께 봐 달라 빠르떼 옵뽀스따
deve prendere l'autobus che va dalla parte opposta.

데베 아스뻿따레 알라 훼르마따 달알뜨로 라또 델라 스뜨라다
Deve aspettare alla fermata dall'altro lato della strada.

베데 에 쁘로쁘리오 리 디 후론떼
Vede? È proprio lì di fronte.

보선 그랏찌에 뻬르 아베르멜로 뎃또
Bosun : **Grazie per avermelo detto.**

해설

- Lei <u>ha sbagliato</u> | direzione, ~ : 당신은 <u>방향을</u> <u>잘못</u> <u>잡으셨습니다.</u>
  numero, ~ : 당신은 <u>번호를</u> <u>잘못</u> <u>누르셨습니다.</u>

- Grazie per aver me lo detto. : 내게 그것을 말씀해 주셔서 감사합니다.

  me ↑ (나에게) lo ↑ (그것을)

  aver … detto ↓ (Lei)ha detto(당신이 말해주셨다)

- <u>me</u> <u>lo</u> : 간접대명사 mi + 직접대명사 lo.

  mi가 me로 변화된 것은 뒤따르는 lo와 부드럽게 융화하기 위한 모음동화 현상입니다.

  cf.) <u>te</u> <u>lo</u>, <u>ce</u> <u>lo</u>, <u>ve</u> <u>lo</u>
  (ti) (ci) (vi)

[새단어]

- **ambasciata** 대사관
- **direzione** 방향
- **dalla parte opposta** 반대편에서
- **di fronte** 앞에
- **ha sbagliato** 잘못 하셨습니다, 틀리셨습니다
- **deve prendere l'autobus** 버스를 타셔야 합니다
- **dall'altro lato** 건너편에서
- **grazie per ~** ~에 감사드립니다

회화연습

[동사활용]

	직설법 현재			직설법 근과거	
	andare(go)	**dovere**(must)	**vedere**(see)	**sbagliare**(get wrong, mistake)	
io	vado	devo	vedo	ho	sbagliato
tu	vai	devi	vedi	hai	
lui	va	deve	vede	ha	
noi	andiamo	dobbiamo	vediamo	abbiamo	
voi	andate	dovete	vedete	avete	
loro	vanno	devono	vedono	hanno	

문화 한마디

버스(autobus)

시내 버스

이탈리아 시내버스는 모두 시에서 운영합니다. 따라서 기사 아저씨들은 모두 시공무원들이죠. 승객은 미리 준비한 버스표를 양쪽 끝 입구에 마련된 개찰함에 넣어 탑승일시를 찍어야 합니다. 무턱대고 무임승차했다가 일시에 검표원이라도 타게 된다면 벌금(multa)을 7만리라 정도 내야 합니다. 얼마나 창피하겠습니까? 이탈리아인들 중 많은 사람들이 정기권(abbonamento)을 소지하고 있어 개찰함에 넣지 않습니다. 버스표는 1회용, 10회묶음, 하루종일사용권, 한달 정기권 등 여러 가지가 있죠. 그리고 일단 한 번 찍은 버스표는 표에 표시된 시간동안 몇 번을 갈아타도 계속 사용할 수 있습니다. 물론 개찰함에 찍지 않아도 되구요. 참고로, 버스표는 정류장 주위의 ATAC, Biglietteria 혹은 Bar나 신문 판매점, 담배 가게 등에서 구입할 수 있습니다.

79 | Vorrei farmi visitare dal medico.

settantanove 보르레이 화르미 비짓따레 달 메디꼬

진찰받고 싶은데요.

기본회화

보선 부온지오르노 보르레이 화르미 비짓따레 달 메디꼬
Bosun : Buongiorno, **vorrei farmi visitare dal medico.**

인훼르미에라 쁘레고 엔뜨리 옷쥐 치 쏘노 몰띠 빳찌엔띠 체 다 아스뻬따레
Infermiera : Prego, entri. Oggi ci sono molti pazienti, c'è da aspettare
운 뽀 씨 앗꼬모디 뿌레 인 쌀라 다스뻬또
un po' : si accomodi pure in sala d'aspetto.
꾸안도 아리바 일 쑤오 뚜르노 라 끼아메로 이오
Quando arriva il suo turno, la chiamerò io.

보선 그랏찌에
Bosun : Grazie.

해설

■ vorrei ~ : I would like ~. volere(want)의 조건법입니다. 이것은 영어에서 보듯이 예의를 갖추는 표현입니다.

vorrei | un caffè 커피 한 잔 주세요.
| un biglietto 표 한 장 주세요.
| far<u>mi</u> visitare dal medico 진찰받고자 하는데요.

■ Prego, <u>entri</u>! : Lei에 대한 명령형. 접속법 활용을 이용하시면 됩니다.

접속법 현재 활용

	-are	-ere	-ire
Lei	-i	-a	-a

[새단어]

· **vorrei** I would like
· **dal medico** 병원에서
· **ci sono** 있다
· **molti pazienti** 많은 환자
· **si accomodi** 앉아 계세요
· **il suo turno** 당신 차례
· **farmi visitare** 진찰받게 하다
· **Prego, entri** 들어오세요
· **infermiera** 간호사
· **c'è da aspettare** 기다려야 합니다
· **sala d'aspetto** 대기실
· **la chiamerò io** 제가 당신을 부르겠습니다

회화연습

[동사활용]

	조건법 현재
	volere(want)
io	vorrei
tu	vorresti
lui	vorrebbe
noi	vorremmo
voi	vorreste
loro	vorrebbero

	직설법 미래
	chiamare(call)
io	chiamerò
tu	chiamerai
lui	chiamerà
noi	chiameremo
voi	chiamerete
loro	chiameranno

단어 이야기

- l'internista 내과 의사
- l'ambulanza 구급차
- il medico 의사
- l'oculista 안과 의사
- il chirurgo 외과 의사

80 | È malato anche Lei?

ottanta　　에　말라또　　앙께　　레이

당신도 아프세요?

기본회화

인 쌀라　다스뻿또
In sala d'aspetto(대기실에서)

운안찌아나　씨뇨라　레이 에 치네세　지오봐놋또
un'anziana signora : Lei è cinese, giovanotto?

보선　노　씨뇨라　쏘노　꼬레아노
Bosun : No, signora. Sono coreano.

운안찌아나　씨뇨라　에 말라또　앙께　레이　께　부룻따　에스뻬리엔짜　암말라르씨　인
un'anziana signora : **È malato anche Lei?** Che brutta esperienza ammalarsi in
운　빠에세　스뜨라니에로　마　레이　체　라　랏씨스뗀짜　싸니따리아
un paese straniero....ma Lei ce l'ha l'assistenza sanitaria?

보선　씨　씨뇨라　체 로　뻬르께　쏘노　레시덴떼　인 이딸리아
Bosun : Sì, signora, ce l'ho, perché sono residente in Italia.

운안찌아나　씨뇨라　아　메노　말레　베아또　레이　께　에 지오봐네
un'anziana signora : Ah, meno male. Beato Lei che è giovane!
이오 알라 미아　엣따　쏘노　삐에나　디 앗치악끼　에 옷니　셋띠마나
Io alla mia età sono piena di acciacchi e ogni settimana
데보　베니레　달　메디꼬
devo venire dal medico.

해설

- **che** brutta esperienza ~ : 감탄문의 형식은 che+형용사+명사!
- Lei ce l'ha ~ : l'ha = la(assistenza)+ha. ce는 본래 ci였으나 la와 부딪히면서 모음을 변화시켰습니다.
- beato Lei : 당신은 좋으시겠어요.

[새단어]

- **anziana** 늙은, 나이든
- **giovanotto** 젊은이
- **brutta esperienza** 나쁜 경험
- **l'assistenza sanitaria** 의료 보험증
- **meno male** 나쁘지는 않다
- **alla mia età** 제 나이 땐
- **cinese** 중국인
- **malato** 아픈
- **ammalarsi** 아프다, 병에 걸리다
- **residente** 거주인
- **beato Lei** 당신은 좋으시겠어요.
- **acciacchi** 지병

회화연습

심화학습

몸이 아플 때 표현해 보세요!!

· 병원에 데려다 주세요.	Mi porti all'ospedale.
· 의사를 불러 주세요.	Mi chiami un dottore.
· 몸이 안 좋아요.	Mi sento male.
· 열이 있어요.	Ho la febbre.
· 설사가 나요.	Ho la diarrea.
· 감기에 걸렸어요.	Ho un raffreddore.
· 머리가 어지러워요.	Mi gira la testa.
· 두통약 주세요.	Mi dia un analgesico.
· 콧물이 나요.	Mi cola il naso.
· 기침이 나요.	Ho la tosse.
· 재채기가 심해요.	Starnutisco troppo.
· 침을 삼킬 때 아파요.	Faccio fatica a ingoiare.

81 | Mi dica che cos'ha?

ottantuno

미 디까 께 꼬사

어디가 아프신지 말씀하세요.

기본회화

인훼르미에라 쁘레고 엔뜨리 뿌레 똑까 아 레이
Infermiera : Prego, entri pure, tocca a Lei.

보선 그랏찌에
Bosun : Grazie.

메디꼬 레이 논 에 라 쁘리마 볼따 께 뷔에네 다 메 베로
Medico : Lei non è la prima volta che viene da me, vero?
씨 미 리꼬르도 레이 에 퀠 라갓쪼 지아뽀네세
Sì, mi ricordo. Lei è quel ragazzo giapponese...

보선 쏘노 꼬레아노 돗또레
Bosun : Sono coreano, dottore.

메디꼬 아 미 스꾸지 싸 뻬르 노이 보이 오리엔딸리 아베떼 운 뽀 뚜우띠 라
Medico : Ah, mi scusi, sa per noi voi orientali avete un po' tutti la
스뗏싸 확치아 미 디까 께 꼬사
stessa faccia. **Mi dica che cos'ha?**

보선 다 이에리 오 운 떼리빌레 말 디 골라 미 쎈또 데볼레 에 오 말 디
Bosun : Da ieri ho un terribile mal di gola, mi sento debole e ho mal di
떼스따 인 삐우 미 에 베누따 앙께 라 훼브레
testa; in più, mi è venuta anche la febbre.

[새단어]

- **Prego, entri pure** 어서 들어오세요, 들어가세요
- **la prima volta** 처음
- **vero?** 맞죠?
- **mi scusi** 죄송합니다
- **sa** 아시죠
- **mi dica** 말씀하세요
- **mal di gola** 목이 아프다
- **debole** 힘없는
- **in più** 더우기
- **tocca a Lei** 당신 차례입니다
- **da me** 우리 병원
- **mi ricordo** 기억됩니다
- **per noi** 우리로서는
- **la stessa faccia** 똑같은 얼굴
- **che cos'ha** 어디가 아픈지
- **mi sento** 느낀다
- **mal di testa** 두통
- **la febbre** 고열

회화연습

해설

■ mi ricordo, mi sento : 재귀형태

io mi ricordo (io=mi)

io mi sento (io=mi)

다시말해 주어와 목적어가 동일한 사람일 경우의 문장형태를 재귀형태라 일컫습니다. mi는 myself에 해당한다고 보면 되죠.

[동사활용]

	직설법 현재			
	toccare(touch)	**sapere**(know)	**ricordarsi**(remember)	**sentirsi**(feel)
io	tocco	so	mi ricordo	mi sento
tu	tocchi	sai	ti ricordi	ti senti
lui	tocca	sa	si ricorda	si sente
noi	tocchiamo	sappiamo	ci ricordiamo	ci sentiamo
voi	toccate	sapete	vi ricordate	vi sentite
loro	toccano	sanno	si ricordano	si sentono

심화학습

- 치아를 뽑아야 하나요? Devo togliere il dente?
- 불면증에 걸렸어요. Soffro di insonnia.
- 자다가 자주 깨요. Mi sveglio spesso durante la notte.

82 ottantadue | Vediamo un po', apra la bocca.

베디아모 운 뽀 아쁘라 라 복까

자, 좀 봅시다, 입을 벌리세요.

기본회화

메디꼬 베디아모 운 뽀 아쁘라 라 복까 미 퐛치아 꼰뜨롤라레

Medico : **Vediamo un po', apra la bocca,** mi faccia controllare

라 골라 음 에 뚯따 아롯쌌따 까로 미오 레이 씨 에 쁘레소

la gola. Mm... è tutta arrossata : caro mio, Lei si è preso

우나 벨라 똔실릿떼

una bella tonsillite.

보선 뿌르뜨롭뽀 논 에 라 쁘리마 볼따

Bosun : Purtroppo non è la prima volta...

메디꼬 엑꼬 레 쁘레스끄리보 두에 메디치네 꿰스또 에 운

Medico : Ecco, Le prescrivo due medicine : questo è un

안띠비옷띠꼬 몰또 에휘까체 에 쎈짜 그롯씨 에휏띠 꼴라떼랄리

antibiotico molto efficace e senza grossi effetti collaterali

네 쁘렌다 뜨레 깝숱레 알 지오르노 알 모멘또 데이 빠스띠

ne prenda tre capsule al giorno al momento dei pasti.

꿰스딸뜨로 에 운 안디삐레띠꼬

Quest'altro è un antipiretico...

해설

■ apra la bocca, mi faccia controllare la gola,

→ Lei 에 대한 존칭명령형 ←

ne prenda tre capsule: Lei에 대한 존칭명령은 접속법 현재 활용형으로 대신합니다.

[새단어]

- **apra la bocca** 입을 벌리세요
- **è arrossata** 빨개졌다
- **tonsillite** 편도선염
- **prescrivo** 처방하다
- **efficace** 효능있는
- **grossi effetti collaterali** 큰 부작용
- **al giorno** 하루에
- **antipiretico** 소염제
- **mi faccia+동사원형** 나에게 ~하게 해 주세요.
- **caro mio** 손님
- **purtroppo** 불행히도
- **antibiotico** 항생제
- **senza** ~없는, ~없이
- **capsule** 캡슐
- **pasti** 식사

회화연습

[동사활용]

	접속법 현재 활용		
	tornare	perdere	partire
io	torni	perda	parta
tu	torni	perda	parta
lui, lei	torni	perda	parta
noi	torniamo	perdiamo	partiamo
voi	torniate	perdiate	partiate
loro	tornino	perdano	partano

심화학습

- 소화가 잘 되지않아요. Non digerisco bene.
- 속이 메스꺼워요. Ho la nausea.
- 구토를 했어요. Ho vomitato.
- 차멀미를 해요. Soffro la macchina. / Ho mal di macchina.
- 배멀미를 해요. Soffro la nave. / Ho mal di mare.
- 고소공포증이 있어요. Soffro di vertigini.
- 눈이 충혈되었어요. Gli occhi si sono arrossati.
- 귀가 울려요. Ho un ronzio nell'orecchio.

83 | Che cos'è un antipiretico, dottore?

ottantatre

께 꼬세 운 안띠삐레띠꼬 돗또레

안띠삐레띠꼬가 뭡니까, 의사 선생님?

기본회화

보선 께 꼬세 운 안띠삐레띠꼬 돗또레
Bosun : **Che cos'è un antipiretico, dottore?**

메디꼬 에 운 화르마꼬 께 화 압밧싸레 라 훼브레 네 바스따노 두에 알
Medico : È un farmaco che fa abbassare la febbre : ne bastano due al
지오르노 우노 라 맛띠나 에 우노 라 쎄라 인올뜨레 씨 리꼬르디 께 다
giorno, uno la mattina e uno la sera. Inoltre si ricordi che da
옷쥐 데베 스따레 아 리뽀소 앗쏠루또 뻬르 알메노 뜨레 지오르니 에
oggi deve stare a riposo assoluto per almeno tre giorni. È
뚯또 뿌오 안다레 레 메디치네 레 뿌오 꼼쁘라레 알라 화르마치아
tutto, può andare. Le medicine le può comprare alla farmacia
뀌 디 후론떼
qui di fronte.

보선 그랏찌에 돗또레 아리베데르치
Bosun : Grazie dottore, arrivederci.

해설

- fa abbassare la febbre : 열을 내리게 한다.
  (fa: 사역)
- ne bastano due (medicine) al giorno : ne=delle medicine (약 중에서)
- deve stare a riposo~ : 휴식을 취하다
- Le medicine le può comprare ~ : le는 le medicine로서 강조한 것입니다.

[새단어]

- **farmaco** 약
- **bastano** 충분하다
- **si ricordi** 기억하세요, 염두에 두세요
- **riposo** 휴식
- **al meno** 적어도
- **qui di fronte** 이 앞에
- **abbassare** 낮추다
- **inoltre** 게다가, 더우기
- **da oggi** 오늘부터
- **assoluto** 완전한, 전적인
- **è tutto** 다 됐습니다

회화연습

[동사활용]

	직설법 현재			
	fare(do, make)	**dovere**(must)	**potere**(can)	**ricordarsi**(remember)
io	faccio	devo	posso	mi ricordo
tu	fai	devi	puoi	ti ricordi
lui	fa	deve	può	si ricorda
noi	facciamo	dobbiamo	possiamo	ci ricordiamo
voi	fate	dovete	potete	vi ricordate
loro	fanno	devono	possono	si ricordano

문화 한마디

약국(Farmacia)

약을 살 수 있는 시간은 대략 오전 9시부터 오후 1시, 오후 4시부터 오후 8시까지입니다. 기본적으로 의사의 처방전이 필요하나 가벼운 약은 처방전없이도 살 수 있습니다. 야간이나 휴일엔 문을 닫지만 구역별로 순번제를 실시하여 문을 열고 있답니다. 문을 여는 약국을 신문에서 확인할 수 있다는 사실, 알면 편하겠죠?

의약 분업은 물론 되어 있고,
아기 분유도 약국에서 사야 합니다.

84 | Sto cercando una nuova casa.

ottantaquattro 스또 체르깐도 우나 누오봐 까사

새 집을 하나 찾고 있습니다.

기본회화

임삐에가또 부온지오르노 씨뇨레 뽓쏘 에쎄르레 우띨레
Impiegato : Buongiorno signore, posso esserLe utile?

보선 씨 스또 체르깐도 우나 누오봐 까사
Bosun : **Sì, sto cercando una nuova casa.**

임삐에가또 레이 에 지아 레시덴떼 인 이딸리아
Impiegato : Lei è già residente in Italia?

보선 씨 씨 오 운 레골라레 뻬르멧쏘 디 쏫지오르노
Bosun : Sì, sì, ho un regolare permesso di soggiorno.

임삐에가또 베네 베네 미 디까 께 띠뽀 디 씨스떼맛찌오네 스따 체르깐노
Impiegato : Bene, bene. Mi dica, che tipo di sistemazione sta cercando?

해설

- posso esserLe utile? : Can I help you?, Le=to you
- Sto cercando : 현재진행형으로서 stare동사의 현재활용 + { -ando(-are) / -endo(-ere) / -endo(-ire) }
- mi dica : Lei에 대한 명령형. 반면에 tu에 대한 명령형은 dimmi입니다.
  (dica: dire의 접속법 현재)

[새단어]

- **utile** 유용한, 도움될 만한
- **residente** 거주인
- **permesso di soggiorno** 체류허가증
- **mi dica** 제게 말씀하세요
- **sistemazione** 주거
- **sto cercando** 찾는 중이다
- **regolare** 정식의, 정규의
- **impiegato** 직원
- **che tipo di ~** 어떤 유형의 ~

회화연습

[동사활용]

	직설법 현재	접속법 현재
	stare(be,stay)	**dire**(tell)
io	sto	dica
tu	stai	dica
lui	sta	dica
noi	stiamo	diciamo
voi	state	diciate
loro	stanno	dicano

학습포인트

명령법(불규칙 형태)

	dire	fare	anadre	dare	stare	
(tu)	di'	fa'	va'	da'	sta'	
(Lei)	dica	faccia	vada	dia	stia	접속법현재와 동일
(noi)	diciamo	facciamo	andiamo	diamo	stiamo	직설법현재와 동일
(voi)	dite	fate	andate	date	state	
(Loro)	dicano	facciano	vadano	diano	stiano	접속법현재와 동일

85 ottantacinque | Mi basta un monolocale.

미 바스따 운 모노로깔레

원룸이면 충분하겠습니다.

기본회화

보선 이오쏘노 다 쏠로 뀐디 미 바스따 운 모노로깔레
Bosun : Io sono da solo, quindi **mi basta un monolocale,**
뽓씨빌멘떼 아레다또 꼰 바뇨 에 꾸치니노
possibilmente arredato, con bagno e cucinino.

임삐에가또 오 까삐또 에 미 디까 꾸안또 싸렙베 오리엔따또 아 스뻰데레
Impiegato : Ho capito. E mi dica, quanto sarebbe orientato a spendere
꼬메 아퓟또 멘실레
come affitto mensile?

보선 과르디 이오 뿌르뜨롭뽀 논 과다뇨 몰또 에 논 뽓쏘
Bosun : Guardi, io purtroppo non guadagno molto, e non posso
뻬르멧떼르미 디 스뻰데레 삐우 디 꽈뜨로첸또밀라 리레 알 메세 뻬르 라
permettermi di spendere più di 400.000 lire al mese per la
까사
casa.

임삐에가또 인 꿰스또 까소 돕비아모 에스끌루데레 뚯따 라 쪼나 첸뜨랄레 싸
Impiegato : In questo caso, dobbiamo escludere tutta la zona centrale: sa,
인 첸뜨로 리 아퓟띠 쏘노 알띳씨미 마 쎄 씨 봐 인 뻬리훼리아 일
in centro gli affitti sono altissimi, ma se si va in periferia, il
디스꼬르쏘 에 몰또 디베르쏘
discorso è molto diverso.

[새단어]

- **da solo** 홀로, 혼자
- **mi basta** 내겐 충분하다
- **possibilmente** 가능한한
- **bagno** 욕실
- **ho capito** 이해했어요
- **essere orientato a ~** ~에 바람직하다
- **guardi** 보세요
- **posso permettermi di ~** ~할 수 있다
- **escludere** 제외하다
- **altissimi** 매우 비싼
- **in periferia** 외곽에, 시외에
- **diverso** 다른
- **quindi** 그래서
- **monolocale** 원룸
- **arredato** 가구 딸린
- **cucinino** 작은 부엌
- **mi dica** 제게 말씀하세요
- **affitto mensile** 월세
- **guadagno** 돈을 벌다
- **più di** ~이상
- **zona** 지역
- **se si va** 가신다면
- **discorso** 이야기

회화연습

[동사활용]

	직설법 근과거		조건법 현재	직설법 현재
	capire(understand)		**essere**(be)	**sapere**(know)
io	ho		sarei	so
tu	hai		saresti	sai
lui	ha	capito	sarebbe	sa
noi	abbiamo		saremmo	sappiamo
voi	avete		sareste	sapete
loro	hanno		sarebbero	sanno

문화 한마디

집 구하는 방법

1. 신문 광고를 이용하는 방법
   신문에 나오는 CASA란을 보고 자신에게 알맞는 집을 직접 찾아내는 방법입니다. 구미에 맞는 집을 방문하여 둘러본 후 계약을 체결하면 되는데요, 계약을 할 때 한두달치의 집세를 보증금으로 내고 첫달 집세도 선불로 미리 내는 것이 보통입니다.

2. 공인 중개소를 이용하는 방법
   공인 중개소에 가서 자신이 원하는 집의 구조를 접수해 놓은 후 중개소에서 중개해 주는 방법입니다. 계약이 체결되면 대개 한달치 집세를 중개비로 지불하는 것이죠.

86 | L'affitto richiesto è proprio 400.000 lire.

ottantasei

랏휫또 리끼에스또 에 쁘로쁘리오

꽈뜨로첸토밀라 리레

요구되는 월세는 40만 리라입니다.

기본회화

보선 씨 뻬로 아비따레 인 뻬리훼리아 에 스꼬모도 논 치 쏘노
Bosun : Sì, però abitare in periferia è scomodo, non ci sono
몰띠 꼴레가멘띠 꼬이 멧찌 뿌블리치
molti collegamenti coi mezzi pubblici...

임삐에가또 노 논 에 뎃또 디뻰데 달레 쪼네 뻬르 에셈삐오 음 미
Impiegato : No, non è detto, dipende dalle zone. Per esempio, mm... mi
홧치아 베데레 엑꼬 과르디 인 쪼나 끄레쉔짜고 끄레도 디
faccia vedere, ecco guardi, in zona Crescenzago credo di
아베레 우나 부오나 옥까씨오네 뻬르 레이 체 운 모노로깔레 인 우나
avere una buona occasione per Lei: c'è un monolocale in una
빨랏찌나 누오봐 디 꽈뜨로 삐아니 꼰 삐꼴로 지아르디노
palazzina nuova di quattro piani, con piccolo giardino
콘도미니알레 아 쏠리 친콴따 메뜨리 달라 스땃찌오네 델라
condominiale, a soli 50 metri dalla stazione della
메뜨로뽈리따나 에 랏휫또 리끼에스또 에 쁘로쁘리오 꽈뜨로첸토밀라 리레
metropolitana. **E l'affitto richiesto è proprio 400.000 lire.**

해설

■ abitare in periferia è scomodo : 동사원형이 명사화되어 주어 역할을 합니다.
(abitare: 주어)

■ mi faccia vedere : 직역하면 '나를 보도록 하세요' 즉, '저 좀 보시죠'
(faccia: 존칭명령(Lei))

■ ecco guardi : 자, 이것 보세요.
(guardi: 존칭명령(Lei))

[새단어]

- **però** 그러나
- **scomodo** 불편한
- **mezzi pubblici** 대중 교통수단
- **per esempio** 예를 들면
- **occasione** 기회
- **di quattro piani** 4층짜리
- **metropolitana** 지하철
- **proprio** 바로, 정확히
- **abitare** 거주하다
- **collegamenti** 연결
- **dipende dalle zone** 지역에 따라 다르죠
- **credo** 믿는다
- **palazzina** 작은 건물, 작은 빌라
- **giardino** 정원
- **l'affitto richiesto** 요구되는 월세

회화연습

[동사활용]

	접속법 현재	
	fare(do, make)	**guardare**(see)
io	faccia	guardi
tu	faccia	guardi
lui	faccia	guardi
noi	facciamo	guardiamo
voi	facciate	guardiate
loro	facciano	guardino

학습포인트

존칭명령(Lei, Loro)은 접속법 현재활용으로 대신합니다. ☞ 183쪽 참조.

87 | Mi sembra interessante.

ottantasette 미 쌤브라 인떼레싼떼

제게 흥미있어 보이는군요.

기본회화

보선 미 쌤브라 인떼레싼떼 마 논 뽀뜨렙베 인디까르미 쁘리마
Bosun : **Mi sembra interessante**, ma non potrebbe indicarmi prima
꾸알꼬사 께 꼬스띠 운 뽀 메노
qualcosa che costi un po' meno?

임삐에가또 쁘레훼리쉐 운 앗휫또 삐우 밧쏘 베디아모 쑤비또 엑꼬 뻬르
Impiegato : Preferisce un affitto più basso? Vediamo subito: ecco, per
두에첸또친콴따밀라 리레 알 메세 쪼나 까쉬나 곱바 아디아첸쩨
250.000 lire al mese, zona Cascina Gobba adiacenze
메뜨로뽈리따나 모노로깔레 꼰 앙골로 꼿뚜라 에 삐꼴로
metropolitana, monolocale con angolo cottura e piccolo
바뇨 뻬로 에 인 운 빨랏쪼 운 뽀 벡끼옷또 뀐또 삐아노
bagno. Però è in un palazzo un po' vecchiotto, quinto piano
쎈짜 아쉔쏘레
senza ascensore.

해설

- Mi sembra + 형용사 : ~인 것 같다
- non potrebbe indicarmi ~ ; 조건법은 예의를 갖출 때 사용하는 법.
  (potrebbe: 조건법현재)
- ~ **che** costi un po' meno? : 주절의 표현이 주관적인 경우 che가 이끄는 절 속의 동사는 접속법으로 활용합니다.
  (costi: 접속법 현재)
- ~ adiacenze metropolitana : 전철 근처에 위치한 ~
- con angolo cottura : 구석에 부엌이 딸린

[새단어]

- **mi sembra** ~인 것 같다
- **non potrebbe indicarmi** 제게 보여주실 수 없나요
- **qualcosa** 뭔가
- **un po' meno** 좀더 싼
- **più basso** 더 싼
- **angolo** 모퉁이
- **vecchiotto** 낡은
- **senza ascensore** 승강기 없는
- **interessante** 흥미있는
- **prima** 먼저
- **costi** costare(cost)의 접속법 현재
- **preferisce** 선호하다
- **adiacenze** 근접지
- **cottura** 부엌
- **quinto piano** 6층

회화연습

[동사활용]

	조건법 현재	접속법 현재	직설법 현재
	potere(can)	**costare**(cost)	**preferire**(prefer)
io	potrei	-	preferisco
tu	potresti	-	preferisci
lui	potrebbe	costi	preferisce
noi	potremmo	-	preferiamo
voi	potreste	-	preferite
loro	potrebbero	costino	preferiscono

88 | È possibile visitare queste case?

ottantotto

에 뽓씨빌레 뷔싯따레 꿰스떼 까세

이 집들을 방문해 볼 수 있나요?

기본회화

보선 에 뽓씨빌레 뷔싯따레 꿰스떼 까세
Bosun : **È possibile visitare queste case?**

임삐에가또 마 체르따멘떼 쎄 아 뗌뽀 뽓씨아모 안다레 인씨에메
Impiegato : Ma certamente! Se ha tempo, possiamo andare insieme
도마니 뽀메릿지오 에 빠를라레 꼴 쁘로쁘리에따리오 에 우나
domani pomeriggio e parlare col proprietario : è una
뻬르쏘나 몰또 알라 마노 에 논 아브라 눌라 인 꼰뜨라리오 아드
persona molto alla mano, e non avrà nulla in contrario ad
아퓟따레 라 까사 아드 우노 스뜨라니에로
affittare la casa ad uno straniero.

보선 베네 알로라 또르노 디 누오보 도마니 뽀메릿지오 아리베데르치
Bosun : Bene, allora torno di nuovo domani pomeriggio. Arrivederci.

임삐에가또 아리베데르치 에 그랏찌에
Impiegato : Arrivederci e grazie.

해설

■ è possibile visitare ~ : 동사원형이 주어 역할을 합니다.
(visitare: 주어)

■ è una persona molto alla mano ~ : 대단히 '관대한' 사람이다.
(alla mano: 형용사구)

■ non avrà nulla in contrario a ~ : ~에 전혀 반대하지 않을 것이다.
(avrà: 직설법미래)

[새단어]

- **possibile** 가능한
- **certamente** 물론
- **tempo** 시간
- **domani** 내일
- **col proprietario** 집주인과 함께
- **nulla** 아무것도 ~아니다
- **ad uno straniero** 외국인에게
- **di nuovo** 다시
- **visitare** 방문하다
- **se** 만약에, ~라면
- **insieme** 함께
- **pomeriggio** 오후
- **alla mano** 관대한
- **affittare** 세놓다
- **torno** 돌아오다
- **arrivederci** 안녕히 계세요, 안녕히 가세요

회화연습

[동사활용]

	직설법 미래
	avere(have)
io	avrò
tu	avrai
lui	avrà
noi	avremo
voi	avrete
loro	avranno

문화 한마디

뽐뻬이(Pompei)

나폴리와 소렌토 사이에 있었던 고대 도시로 서기 79년에 베수비오 화산의 폭발로 일순간에 도시 전체가 매몰되었다가 1748년 한 농부가 밭을 갈다 우연히 발견되어 세계에 그 모습을 드러내었죠. 화려한 문명을 꽃피웠던 도시의 모습과 사람들의 생활상이 그대로 살아있는 데다 그 규모의 방대함은 놀라움을 금치 못하게 합니다. 한 도시의 비극적인 현장이 훌륭한 관광지로 되살아난 것이죠.

Pompei

myhome.naver.com/jaylino

정답

문형연습 및 학습포인트, 단어이야기, 반드시 ~ 코너에 나왔던 문제들의 정답입니다.

Lezione 1

보기 Come ti chiami? Mi chiamo Bosun.
1) Come ti chiami? Mi chiamo Gianni.
2) Come ti chiami? Mi chiamo Naomi.
3) Come ti chiami? Mi chiamo Alessia.
4) Come ti chiami? Mi chiamo ....

Lezione 2

보기 Sei coreano, vero? Sì, sono di Seoul.
1) Sei americano, vero? Sì, sono di New York.
2) Sei tedesco, vero? Sì, sono di Amburgo.
3) Sei spagnolo, vero? Sì, sono di Madrid.
4) Sei giapponese, vero? Sì, sono di Tokyo.

Lezione 3

보기 Io sono Pietro, sono italiano, di Bologna.
1) Io sono Ingrid, sono tedesca, di Monaco.
2) Io sono Mary, sono americana, di New York.
3) Io sono Elisabeth, sono inglese, di Londra.

Lezione 4

보기 1 È Patrizia? No, non è Patrizia, è Silvia.
1) È Anna? No, non è Anna, è Franca.
2) È Franca? No, non è Franca, è Teresa.
3) È Teresa? No, non è Teresa, è Stella.

보기 2 È Angelo? No, non è Angelo, è Marco.
1) È Gianluca? No, non è Gianluca, è Nicola.
2) È Paolo? No, non è Paolo, è Roberto.
3) È Silvio? No, non è Silvio, è Dino.

Lezione 5

보기 1 Questa è Ingrid. È una ragazza tedesca, di Monaco.
1) Questa è Elisabeth. È una ragazza inglese, di Londra.
2) Questa è Sandy. È una ragazza americana, di Boston.

보기 2 Questo è Miguel. È un ragazzo spagnolo, di Barcellona.
1) Questo è Miura. È un ragazzo giapponese, di Tokyo.
2) Questo è Chang. È un ragazzo cinese, di Pechino.

Lezione 6

보기 Tu sei qui per studiare l'italiano?
1) Tu sei qui per studiare il tedesco?
2) Tu sei qui per studiare l'inglese?
3) Tu sei qui per studiare lo spagnolo?
4) Tu sei qui per studiare il francese?

Lezione 7

보기 Ciao Robert! Ci vediamo! Ciao Daniel, a domani!
1) Ciao Paolo! Ci vediamo! Ciao Giorgio, a domani!
2) Ciao Corinne! Ci vediamo! Ciao Elisabeth, a domani!

Lezione 8

보기 1 Dov'è la borsa? La borsa è sulla sedia.
1) Dov'è la lavagna? La lavagna è nell'aula.
2) Dov'è il libro? Il libro è sul banco.
3) Dov'è il tavolo? Il tavolo è nell'aula.

보기 2 Dove sono le sigarette? Le sigarette sono nella borsa.
1) Dove sono le sigarette? Le sigarette sono sul tavolo.
2) Dove sono i fogli? I fogli sono nel cassetto.
3) Dove sono i libri? I libri sono sulla sedia.

Lezione 9

보기 Che cosa c'è nell'aula? Nell'aula c'è il tavolo.
1) Che cosa c'è nella borsa? Nella borsa c'è il portafoglio, c'è il passaporto.
2) Che cosa c'è sul banco? Sul banco c'è il giornale, c'è la penna; ci sono i quaderni, i fogli.

Lezione 10

보기 1 Pronto... ciao, che fai? Preparo il pranzo.
1) Pronto... ciao, che fai? Scrivo una lettera.
2) Pronto... ciao, che fai? Ascolto un po' di musica.

보기 2 Pronto... ciao, che fate oggi? Siamo a casa.
1) Pronto... ciao, che fate oggi? Siamo a scuola.
2) Pronto... ciao, che fate oggi? Finiamo il lavoro in giardino.

Lezione 11

보기 Che ore sono? Sono le undici.
1) Che ore sono? Sono le otto.
2) Che ore sono? Sono le nove e quindici.
3) Che ore sono? Sone le dieci e trenta.

4) Che ore sono? Sono le tredici.
5) Che ore sono? È l'una e quarantacinque.

Lezione 12

보기 1 Scusi, Signorina, a che ora apre la banca?
1) Scusi, Signore, a che ora apre la farmacia?
2) Scusi, Signora, a che ora apre l'ufficio postale?
3) Scusi, Professore, a che ora apre il museo?

보기 2 E a che ora chiude? La banca chiude alle 13 e 20.
1) E a che ora chiude? La farmacia chiude alle 20 e 15.
2) E a che ora chiude? L'ufficio postale chiude alle 17 e 30.
3) E a che ora chiude? Il museo chiude alle 18 e 30.
4) E a che ora chiude? I grandi magazzini chiudono alle 20.
5) E a che ora chiude? La biblioteca chiude alle 18 e 20.

Lezione 13

보기 Scusa, che giorno è oggi? Oggi è mercoledì.
1) Scusa, che giorno è oggi? Oggi è lunedì.
2) Scusa, che giorno è oggi? Oggi è martedì.
3) Scusa, che giorno è oggi? Oggi è giovedì.
4) Scusa, che giorno è oggi? Oggi è venerdì.
5) Scusa, che giorno è oggi? Oggi è sabato.
6) Scusa, che giorno è oggi? Oggi è domenica.

Lezione 14

보기 Silvia, quando parti per l'Italia? Parto in agosto.
1) Silvia, quando parti per la Francia? Parto in febbraio.
2) Silvia, quando parti per la Germania? Parto in maggio.
3) Silvia, quando parti per la Corea? Parto in ottobre.
4) Silvia, quando parti per l'Inghiterra? Parto in luglio.
5) Silvia, quando parti per la Spagna? Parto in dicembre.

Lezione 15

보기 Silvia, quale stagione preferisci? Preferisco la primavera.
1) Silvia, quale stagione preferisci? Preferisco l'estate.
2) Silvia, quale stagione preferisci? Preferisco l'autunno.
3) Silvia, quale stagione preferisci? Preferisco l'inverno.

Lezione 16

보기 Ciao, Mario, dove vai? Vado in banca e poi devo andare alla posta.
1) Ciao, Mario, dove vai? Vado in farmacia e poi devo andare in banca.
2) Ciao, Mario, dove vai? Vado in libreria e poi devo andare in macelleria.
3) Ciao, Mario, dove vai? Vado in tabaccheria e poi devo andare in edicola.

● 단어이야기

tabaccheria → francobolli		profumeria → rossetto
macelleria → salsicce		farmacia → aspirina
edicola → giornale		pasticceria → dolce

Lezione 17

보기 Mario, andiamo in piscina giovedì sera? Sì, volentieri, ho voglia di nuotare.
1) Mario, andiamo al cinema mercoledì sera? Sì, volentieri, ho voglia di vedere un film.
2) Mario, andiamo a teatro sabato sera? Sì, volentieri, ho voglia di vedere un'opera.

Lezione 18

보기 Non so, non sono sicuro: forse devo andare a Roma con i miei genitori.
1) Non so, non sono sicuro: forse devo andare a Firenze con i miei amici.
2) Non so, non sono sicuro: forse devo andare a Milano con la mia amica.
3) Non so, non sono sicuro: forse devo andare a Seoul con mia moglie.

Lezione 19

보기 Mi dispiace, non posso, devo lavorare fino a tardi.
1) Mi dispiace, non posso, devo preparare la tesi fino a sabato.
2) Mi dispiace, non posso, devo stare casa fino alle due.
3) Mi dispiace, non posso, devo pulire fino a tardi.

Lezione 20

보기 Mario, vieni in discoteca con noi? Certo, è una buona idea.
1) Mario, vieni al bar con noi? Perchè no?
2) Mario, vieni al ristorante con noi? Mi dispiace, non posso.
3) Mario, vieni a sciare con noi? Non so, non sono sicuro.
4) Mario, vieni al centro con noi? No, grazie, ho da fare.

Lezione 21

보기 Daniel... che cosa prendi? Un caffè e una pasta.
1) Daniel... che cosa prendi? Un latte e una pasta.
2) Daniel... che cosa prendi? Un'aranciata e una pasta.
3) Daniel... che cosa prendi? Un tè al limone.
4) Daniel... che cosa prendi? Una spremuta d'arancia.
5) Daniel... che cosa prendi? Un gelato alla fragola.

Lezione 22

보기 Vuoi una sigaretta? Sì, grazie.
1) Vuoi un'arancia? Sì, grazie.

2) Vuoi un caffè? Sì, grazie.
3) Vuoi una mano? Sì, grazie.

Lezione 23

보기 Volete uscire o stare a casa, raggazi?
1) Vuoi ascoltare la musica classica o ascoltare la musica leggera, Clara?
2) Vuoi prendere un caffè o un tè, Gianni?

Lezione 24

보기 Posso entrare? Prego... avanti!
1) Posso aprire la porta? Sì, certo.
2) Posso chiedere una cosa? Sì, certo.
3) Posso fare una domanda? Sì, certo.

● 학습포인트
1) Puoi restare un po'?
2) Puoi chiudere la finestra?
3) Puoi aspettare un momento?
4) Puoi parlare più piano?
5) Puoi capire la lingua italiana?

Lezione 25

보기 1 Vorrei un biglietto per Napoli, per favore! Solo andata o andata e ritorno?
1) Vorrei un biglietto per Roma, per favore! Solo andata o andata e ritorno?
2) Vorrei un biglietto per Venezia, per favore! Solo andata o andata e ritorno?
3) Vorrei un biglietto per Milano, per favore! Solo andata o andata e ritorno?
4) Vorrei un biglietto per Firenze, per favore! Solo andata o andata e ritorno?

보기 2 Andata e ritorno. Quant'è? 34.500 lire.
1) Solo andata. Quant'è? 17.200 lire.
2) Andata e ritorno. Quant'è? 29.400 lire.

Lezione 26

보기 Scusi, da quale binario parte il treno per Napoli? Dal binario numero 2.
1) Scusi, da quale binario parte il treno per Roma? Dal binario numero 1.
2) Scusi, da quale binario parte il treno per Milano? Dal binario numero 4.

Lezione 27

보기 Quanto costa il volo da Roma a Seoul? Costa 2.500.000 lire.
1) Quanto costa il volo da Roma a Barcellona? Costa 300.000 lire.
2) Quanto costa il volo da Roma a Londra? Costa 450.000 lire.
3) Quanto costa il volo da Roma a Budapest? Costa 500.000 lire.
4) Quanto costa il volo da Roma a Stoccolma? Costa 600.000 lire.

Lezione 28

보기 Ciao, Mario... sei stato in vacanza? Sì, sono tornato due giorni fa.
1) Ciao, Lucia... Sei stata in vacanza? Sì, sono tornata ieri.
2) Ciao, Giuseppe... Sei stato in vacanza? Sì, sono tornato 5 giorni fa.
3) Ciao, Sandro... Sei stato in vacanza? Sì, sono tornato una settimana fa.

● 학습포인트

2. 1) passato
2) frequentato
3) cambiato
4) lavorato
5) viaggiato
6) visitato

Lezione 29

보기 Dove sei stato? Ho viaggiato per l'Italia. Adesso ti racconto...
1) Dove sei stato? Ho viaggiato per la Francia. Adesso ti racconto...
2) Dove sei stato? Ho viaggiato per la Germania. Adesso ti racconto...
3) Dove sei stato? Ho viaggiato per la Spagna. Adesso ti racconto...
4) Dove sei stato? Ho viaggiato per la Corea. Adesso ti racconto...
5) Dove sei stato? Ho viaggiato per il Giappone. Adesso ti racconto...

● 학습포인트

2. 1) andato
2) tornata
3) state
4) andati
5) rimasto

Lezione 30

보기 Che cosa hai visitato a Venezia? Ho visitato Piazza San Marco.
1) Che cosa hai visitato a Firenze? Ho visitato la Galleria degli Uffizi.
2) Che cosa hai visitato a Roma? Ho visitato il Colosseo, Piazza di Spagna e il Vaticano.
3) Che cosa hai visitato a Seoul? Ho visitato il Palazzo Kyeongbok, il Palazzo Deoksu e il Villaggio Folcloristico.

● 학습포인트

1) deciso
2) Hai fatto
3) Ha preso
4) Abbiamo messo
5) Avete scritto
6) Hanno bevuto

Lezione 31

보기 Dove è andato Robert in vacanza? È andato a Roma.
1) Dove sei andato in vacanza? Sono andato a Roma.
2) Dove è andata in vacanza? È andata a Roma.
3) Dove siete andate in vacanza? Siamo andate a Roma.
4) Dove è andato in vacanza? È andato a Roma.

● 학습포인트

1) aperto
2) Hai detto
3) Ha chiesto
4) Abbiamo speso
5) Avete chiuso
6) Hanno acceso
7) giunto
8) È nata
9) È vissuto
10) Sono morti

Lezione 32

보기 Con chi sei andato a Venezia? Ci è andato da solo?
1) Con chi è andato a Venezia? Ci è andato da solo?
2) Con chi è andata a Venezia? Ci è andata da sola?
3) Con chi sei andato a Venezia? Ci sei andato con una vecchia amica?
4) Con chi sei andato a Venezia? Ci sei andato con Sandro?

Lezione 33

보기 Con che cosa ci è andato Robert? In treno.
1) Con che cosa ci è andata Lucia? In aereo.
2) Con che cosa ci è andato Marco? In metro.
3) Con che cosa ci sono andati Lucia e Marco? In pullman.
4) Con che cosa ci sono andati Marco e Lino? In bicicletta.

Lezione 34

보기 Quanto tempo è stato in vacanza? Sedici giorni.
1) Quanto tempo è stata in vacanza? Una settimana.
2) Quanto tempo sono stati in vacanza? Un mese.
3) Quanto tempo sono state in vacanza? Alcuni giorni.
4) Quanto tempo sono stati in vacanza? Cinque giorni.
5) Quanto tempo sei stata in vacanza? Due settimane.

Lezione 35

보기 Ma che cosa hai fatto? Sono stanco morto. Non ho chiuso occhio tutta la notte.
1) Ma che cosa hai fatto? Sono stanco morto. Ho studiato tutta la notte.
2) Ma che cosa hai fatto? Sono stanco morto. Ho danzato tutta la sera.
3) Ma che cosa hai fatto? Sono stanco morto. Ho pulito tutto il giorno.
4) Ma che cosa hai fatto? Sono stanco morto. Ho lavorato tutta la mattina.

Lezione 36

보기 C'è stato un incidente: una macchina è passata con il semaforo rosso.
1) C'è stato un incidente: un autobus è passato con il semaforo rosso.
2) C'è stato un incidente: una moto è passata con il semaforo rosso.
3) C'è stato un incidente: un camion è passato con il semaforo rosso.
4) C'è stato un incidente: un pullman è passato con il semaforo rosso.

● 단어이야기 2

cominciare → finire
partire → restare

entrare → uscire
accendere → spegnere

Lezione 37

보기 Che progetti hai? Partirò per Francia.
1) Che progetti hai? Imparerò l'italiano.
2) Che progetti hai? Andrò a Seoul.
3) Che progetti hai? Aprirò un negozio.
4) Che progetti hai? Lavorerò per qualche mese.
5) Che progetti hai? Farò un giro per l'Europa.
6) Che progetti hai? Cercherò un lavoro.
7) Che progetti hai? Comprerò una nuova casa.
8) Che progetti hai? Prenderò una casa in affitto.
9) Che progetti hai? Leggerò molti libri.
10) Che progetti hai? Metterò molti soldi in banca.

Lezione 38

보기 Che tempo farà? Farà bel tempo.
1) Che tempo farà? Farà brutto tempo.
2) Che tempo farà? Sarà sereno.
3) Che tempo farà? Sarà nuvoloso.
4) Che tempo farà? Sarà freddo.
5) Che tempo farà? Sarà caldo.
6) Che tempo farà? Pioverà.
7) Che tempo farà? Nevicherà.
8) Che tempo farà? Tirerà vento.

Lezione 39

보기 Ci tornerò dopo che avrò dato l'esame di lingua italiana.
1) Ci tornerò dopo che avrò telefonato a mamma.
2) Ci tornerò dopo che avrò scritto una lettera.
3) Ci tornerò dopo che avrò venduto la casa.
4) Ci tornerò dopo che Franca sarà arrivata a casa.

Lezione 40

보기 1 Pronto? Sono Franca. C'è Ingrid?
1) Pronto? Sono Daniel. C'è Mario?
2) Pronto? Sono Robert. C'è Silvia?
3) Pronto? Sono Bosun. C'è Chulsu?

보기 2 Ciao, sono io.
1) Sì, chi parla?
2) Sì, un attimo.
3) No, qui è il 53-4692.

4) Scusi, ha sbagliato numero.

Lezione 41

보기 1 Di chi è questo maglione? Daniel è il tuo? Sì, è il mio.
1) Di chi è questa giacca? Daniel, è la tua? Sì, è la mia.
2) Di chi è questa camicia? Daniel, è la tua? Sì, è la mia.
3) Di chi è questo cappotto? Daniel, è il tuo? Sì, è il mio.
4) Di chi è questo orologio? Daniel, è il tuo? Sì, è il mio.

보기 2 Di chi sono questi vestiti? Daniel, sono i tuoi? Sì, sono i miei.
1) Di chi sono questi libri? Daniel, sono i tuoi? Sì, sono i miei.
2) Di chi sono questi giornali? Daniel, sono i tuoi? Sì, sono i miei.
3) Di chi sono queste calze? Daniel, sono le tue? Sì, sono le mie.
4) Di chi sono queste camicie? Daniel, sono le tue? Sì, sono le mie.

● 반드시 알고 넘어가야 하는 페이지
Il mio, Le mie, I miei, La tua, Le tue, I tuoi, il suo, i suoi, Il suo, Le sue, La sua, Le sue, La nostra, I nostri, La vostra, Le vostre, Il loro, I loro

Lezione 42

보기 1 Qual è l'orologio di Robert? È quello? No, quell'orologio è di Daniel.
1) Qual è la gonna di Silvia? È quella? No, quella gonna è di Ingrid.
2) Qual è la sciarpa di Ingrid? È quella? No, quella sciarpa è di Franca.
3) Qual è la borsa di Daniel? È quella? No, quella borsa è di Robert.
4) Qual è il motorino di Luca? È quello? No, quel motorino è di Mario.
5) Qual è lo zaino di Mario? È quello? No, quello zaino è di Daniel.

보기 2 Quali sono gli occhiali di Mario? Sono quelli? No, quegli occhiali sono di Robert.
1) Quali sono le calze di Silvia? Sono quelle? No, quelle calze sono di Ingrid.
2) Quali sono i libri di Ingrid? Sono quelli? No, quei libri sono di Daniel.
3) Quali sono i guanti di Luca? Sono quelli? No, quei guanti sono di Robert.
4) Quali sono le scarpe di Silvia? Sono quelle? No, quelle scarpe sono di Mario.

Lezione 43

보기 Vieni con noi al cinema? Non posso... oggi non sto bene.
1) Vieni con noi a teatro? Non posso... oggi non sto bene.
2) Vieni con noi in piscina? Non posso... oggi non sto bene.
3) Vieni con noi in biblioteca? Non posso... oggi non sto bene.
4) Vieni con noi da Mario? Non posso... oggi non sto bene.

Lezione 44

보기 A che ora ti svegli la mattina? Di solito mi sveglio alle sei.
1) A che ora ti svegli la mattina? Di solito mi sveglio presto.
2) A che ora ti svegli la mattina? Di solito mi sveglio tardi.
3) A che ora ti svegli la mattina? Di solito mi sveglio alle 8.

4) A che ora ti svegli la mattina? Di solito mi sveglio a mezzogiorno.
5) A che ora ti svegli la mattina? Di solito mi sveglio alle 9 e 30.

Lezione 45

보기 A che ora ti sei alzato stamattina, Daniel? Mi sono alzato alle 7.
1) A che ora ti sei alzato stamattina, Mario? Mi sono alzato alle 8.
2) A che ora si è alzato stamattina, Signor Kim? Mi sono alzato alle 7 e 30.
3) A che ora ti sei alzata stamattina, Ingrid? Mi sono alzata alle 9.
4) A che ora si è alzata stamattina, Signorina Choi? Mi sono alzata alle 8 e 30.

Lezione 46

보기 Che cosa hai fatto di bello ieri sera, Ingrid? Sono andata alla festa di Franca.
1) Che cosa hai fatto di bello venerdì sera, Paolo? Sono andato alla festa di Maria.
2) Che cosa hai fatto di bello sabato sera, Silvia? Sono andata alla festa di Robert.
3) Che cosa hai fatto di bello domenica sera, Daniel? Sono andato alla festa di Paola.

Lezione 47

보기 Come ti trovi in Italia? Mi trovo bene.
1) Come ti trovi a Seoul? Mi trovo bene.
2) Come ti trovi all'università? Mi trovo male.
3) Come ti trovi a Firenze? Mi trovo abbastanza bene.
4) Come ti trovi in questi giorni? Mi trovo in una situazione difficile.

Lezione 48

보기 Non riesco ad accendere il termosifone.
1) Non riesco a capire l'italiano.
2) Non riesco a trovare la mia borsa.
3) Non riesco a parcheggiare la macchina.
4) Non riesco a trovare una casa in centro.

Lezione 49

보기 Ingrid, hai bisogno di aiuto?
1) Ingrid, hai bisogno di un periodo di riposo?
2) Ingrid, hai bisogno di un caffè?
3) Ingrid, hai bisogno di un amico?

Lezione 50

보기 Vuoi un passaggio? Grazie, non fa niente.
1) Vuoi un passaggio? Grazie.
2) Vuoi un passaggio? Grazie tanto.

3) Vuoi un passaggio? Magari!

Lezione 51

보기 Posso portare io una borsa? Magari!
1) Posso portare io una borsa? Grazie.
2) Posso portare io una borsa? Grazie, non fa niente.
3) Posso portare io una borsa? Grazie, non fa niente.

Lezione 52

보기 Andavi spesso in discoteca quando eri al mare?
1) Andavi spesso a Firenze quando eri in Italia?
2) Andavi spesso ad Assisi quando eri a Perugia?
3) Andavi spesso al lago di Como quando eri a Milano?

Lezione 53

보기 Da bambina ero molto vivace, adesso sono tranquilla.
1) Da bambina ero molto grassa, adesso sono magra.
2) Da bambina ero molto ottimista, adesso sono pessimista.
3) Da bambina ero molto chiusa, adesso sono aperta.
4) Da bambina ero molto introversa, adesso sono estroversa.

● 학습포인트

1. studiavo, ascoltava
2. leggeva, fumava
3. guardava, giocavano
4. scrivevo, giocavano

Lezione 54

보기 Non ci sono andata perché avevo già mangiato.
1) Non sono andato al cinema perché avevo già visto quel film.
2) Poco fa al bar non ho preso il caffè perché l'avevo già preso pochi minuti prima a casa.

● 학습포인트

1. avevo, ordinato
2. era, tornato

Lezione 55

보기 Va bene questo tavolo? Sì, va benissimo.
1) Va bene questo tipo? Sì, va benissimo.
2) Va bene questo vestito? Sì, va benissimo.
3) Va bene questa borsa? Sì, va benissimo.
4) Va bene questo ristorante? Sì, va benissimo.

Lezione 56

보기 Per me zuppa di mare, e tu Ingrid?

1) Per me gli spaghetti alla carbonara, e tu Ingrid?
2) Per me la costata alla griglia, e tu Ingrid?
3) Per me le patate fritte, e tu Ingrid?
4) Per me il risotto ai frutti di mare, e tu Ingrid?

Lezione 57

보기 Io vorrei un tiramisù.

1) Io vorrei patate fritte.
2) Io vorrei un maialino al forno.
3) Io vorrei una macedonia di frutta con gelato.

Lezione 58

보기 E da bere? Vino bianco o vino rosso?

1) E da bere? Coke o aranciata?
2) E da bere? Birra o acqua?
3) E da bere? Aranciata o birra?
4) E da bere? Acqua o sprite?

Lezione 59

보기 Il conto per favore.

1) Un biglietto per favore.
2) Un pacchetto di Marlboro per favore.
3) Una birra per favore.
4) Un caffè per favore.

Lezione 60

보기 Un etto di prosciutto, per favore.

1) Due panini, per favore.
2) Un litro di latte fresco, per favore.
3) Un chilo d'uva, per favore.
4) Un biglietto, per favore.
5) Un pacchetto di Marlboro Light, per favore.

Lezione 61

1) Il mio nome è Shin Jeong. Tu come ti chiami?
2) Il mio nome è Young Bae. Tu come ti chiami?
3) Il mio nome è Ji Min. Tu come ti chiami?
4) Il mio nome è Suk Jun. Tu come ti chiami?

Lezione 62

1) Dove abiti? In periferia.
2) Dove abiti? In via Uccelino.
3) Dove abiti? In periferia vicino allo stadio.

Lezione 63

1) Qual è il tuo numero di telefono?
2) Qual è il tuo numero di fax?
3) Qual è il tuo numero di cellulare?

Lezione 64

1) Vorrei un francobollo da 2.000 lire.
2) Vorrei una marca da bollo.
3) Vorrei una carta telefonica da 10.000 lire.
4) Vorrei un biglietto.
5) Vorrei una birra.
6) Vorrei delle informazioni.

Lezione 65

1) Ha una moneta da 50 lire, per favore?
2) Ha il permesso di soggiorno, per favore?
3) Ha la patente di guida, per favore?

Lezione 66

1) Che tipo di macchina preferisce?
2) Che cosa preferisce?
3) Che disco preferisce?
4) Chi preferisce?

Lezione 67

1) Ha una sigaretta? Sì, ce l'ho: eccola!
2) Ha una moneta da 100 lire? Sì, ce l'ho: eccola!
3) Ha la patente? Sì, ce l'ho: eccola!
4) Ha il cellulare? Sì, ce l'ho: eccolo!

Lezione 68

1) Devo avere pazienza.
2) Devo dare l'esame.
3) Devo chiedere una cosa.
4) Devo aspettare una lettera.

Lezione 69

1) Non posso perdere l'autobus.
2) Non posso perdere l'aereo.
3) Non posso perdere la metropolitana.
4) Non posso perdere l'occasione.

Lezione 70

1) È una bella giornata : usciamo di casa!
2) È una bella giornata : andiamo al mare!
3) È una bella giornata : facciamo una passeggiata!
4) È una bella giornata : giochiamo a calcio!

Lezione 71

1) Prego, cosa desiderano? Un'aranciata.
2) Prego, cosa desiderano? Un gelato alla fragola.
3) Prego, cosa desiderano? Una birra.
4) Prego, cosa desiderano? Un cappuccino.

Lezione 72

1) Puoi accompagnarmi a comprare i piatti?
2) Puoi accompagnarmi a comprare la calcolatrice?
3) Puoi accompagnarmi a comprare la cucitrice?
4) Puoi accompagnarmi a comprare lo schedario?
5) Puoi accompagnarmi a comprare il computer?
6) Puoi accompagnarmi a comprare gli sci?
7) Puoi accompagnarmi a comprare il termometro?
8) Puoi accompagnarmi a comprare i jeans?
9) Puoi accompagnarmi a comprare gli stivali?
10) Puoi accompagnarmi a comprare il giubbotto di pelle.

Lezione 73

1) Se per Lei va bene, passo a prenderLa alle tre.
2) Se per lui va bene, passo a prenderlo alle cinque.
3) Se per lei va bene, passo a prenderla alle sei e mezzo.
4) Se per voi va bene, passo a prendervi alle sette e venti.

〈新이탈리아어 회화 첫걸음 MP3 CD 트랙 목록〉

트랙	Lezinone	쪽수	트랙	Lezinone	쪽수	트랙	Lezinone	쪽수
Track 01	발음	8	Track 31	29	90	Track 61	59	166
Track 02	독특한 발음	9	Track 32	30	94	Track 62	60	168
Track 03	1	10	Track 33	31	96	Track 63	61	170
Track 04	2	12	Track 34	32	100	Track 64	62	172
Track 05	3	14	Track 35	33	102	Track 65	63	174
Track 06	4	18	Track 36	34	104	Track 66	64	176
Track 07	5	24	Track 37	35	106	Track 67	65	178
Track 08	6	26	Track 38	36	108	Track 68	66	180
Track 09	7	30	Track 39	37	112	Track 69	67	182
Track 10	8	32	Track 40	38	114	Track 70	68	184
Track 11	9	34	Track 41	39	116	Track 71	69	186
Track 12	10	38	Track 42	40	120	Track 72	70	188
Track 13	11	40	Track 43	41	122	Track 73	71	190
Track 14	12	42	Track 44	42	128	Track 74	72	192
Track 15	13	46	Track 45	43	130	Track 75	73	194
Track 16	14	48	Track 46	44	132	Track 76	74	196
Track 17	15	50	Track 47	45	136	Track 77	75	198
Track 18	16	52	Track 48	46	138	Track 78	76	200
Track 19	17	56	Track 49	47	140	Track 79	77	202
Track 20	18	58	Track 50	48	142	Track 80	78	204
Track 21	19	62	Track 51	49	144	Track 81	79	206
Track 22	20	64	Track 52	50	146	Track 82	80	208
Track 23	21	66	Track 53	51	148	Track 83	81	210
Track 24	22	72	Track 54	52	152	Track 84	82	212
Track 25	23	74	Track 55	53	154	Track 85	83	214
Track 26	24	76	Track 56	54	156	Track 86	84	216
Track 27	25	80	Track 57	55	158	Track 87	85	218
Track 28	26	82	Track 58	56	160	Track 88	86	220
Track 29	27	84	Track 59	57	162	Track 89	87	222
Track 30	28	88	Track 60	58	164	Track 90	88	224